明代登科錄彙編十七

皇帝制曰。朕惟君天
下者。興化致理。政
固多端。然務本重
農。治兵修備。乃其
大者。書言先知稼

穡之艱難乃逸。又
曰。其克詰爾戎兵。
以陟禹之迹。夫成
王初親大政。而周
公即惓惓以此告

之其意深矣朕仰
荷
天眷獲嗣丕基自惟
寡昧未燭於理嘗
恭誦我

太祖高皇帝耤田諭。
成祖文皇帝務本訓。
乃知王業所由興。
民生之不易。及觀
祖訓所載居安忘備

之戒。又曰兢兢焉。茲躬率臣民。耕耤於南郊。又屢勅邊吏慎固疆圉。博求制虜長策。亦欲庶

幾乎知艱詰戎。以
覲揚我
二祖之光烈。顧彝典
雖舉。而實政未孚。
督策雖勤。而武備

猶弛。四方浮惰者衆。未盡歸農也。何以使人皆力本而不失業歟。自屯鹽之法壞。而商農俱

困。邉儲告乏。令欲
舉之。其遺法尚可
復歟。醜虜匪茹。警
報歳聞。何以創之
使不敢復窺歟。議

者或言宜戰。或言宜守。或欲罷調兵。或欲練士卒。計將安所決歟。朕日夜圖慮安攘之策。莫

急於斯。而行之靡
效。其故何歟。抑其
機要所在未克振
舉。故人罕實用。功
難責成歟。爾諸士

習於當世之務久矣。其仰繹我
皇祖垂訓貽謀之意。有可以便民益國者。明以告朕。將採

而行之焉

隆慶二年十二月十五日

等第恭依

太祖高

欽定資格第一甲例取三名 一名從

六品第二第三名正七品賜進士及第第二甲

從七品賜進士出身第三甲正八品賜同進士

出身奉

聖旨是欽此

讀卷官

特進光祿大夫柱國少師兼太子太師吏部尚書建極殿大學士徐 階 癸未進士

光祿大夫柱國少傅兼太子太師吏部尚書建極殿大學士李春芳 丁未進士

榮祿大夫少保兼太子太保禮部尚書武英殿大學士張居正 丁未進士

光祿大夫柱國少傅兼太子太傅吏部尚書楊博 己丑進士

光祿大夫柱國少傅兼太子太傅工部尚書雷禮 壬辰進士

資政大夫戶部尚書馬森 乙未進士

禮部尚書兼翰林院學士掌詹事府事殷士儋 丁未進士

資善大夫兵部尚書霍冀 甲辰進士

資政大夫都察院左都御史王廷 壬辰進士

中憲大夫大理寺左少卿李邦珍 庚戌進士

翰林院侍讀學士奉直大夫諸大綬 丙辰進士

提調官

大[illegible]部尚書兼翰林院學士高儀 辛丑進士

通議大夫禮部右侍郎萬士和 辛丑進士

監試官

文林郎福建道監察御史顧廷對 己未進士

文林郎河南道監察御史王廷瞻 己未進士

受卷官

奉直大夫左春坊左諭德兼翰林院侍讀張四維 癸丑進士

翰林院修撰承務郎徐時行 壬戌進士

徵仕郎吏科左給事中鄭大經 丙辰進士

徵仕郎戶科左給事中張齊 己未進士

彌封官

掌尚寶司事太常寺卿徐璠 官生

中大夫光祿寺卿趙錦 甲辰進士

中順大夫鴻臚寺卿李用敬 辛丑進士

尚寶司卿張縉 乙未進士

奉議大夫光祿寺少卿顧從禮 監生

奉訓大夫尚寶司少卿兼翰林院侍書吳自成 儒士

奉訓大夫尚寶司少卿兼翰林院侍書周維藩 儒士

翰林院編修文林郎余有丁 壬戌進士

翰林院編修文林郎李自華 乙丑進士

徵仕郎禮科右給事中王璽 乙丑進士

兵科都給事中張鹵 己未進士
翰林院管典籍事河南布政使司右叅議季葯 儒士
朝議大夫河南布政使司右叅議叢恕 儒士
大理寺右寺右評事馬繼文 儒士
翰林院管典籍事中書舍人沈湆 儒士
掌卷官
翰林院編修文林郎陳經邦 乙丑進士
翰林院檢討徵仕郎張秩 乙丑進士
翰林院檢討徵仕郎許國 乙丑進士
翰林院檢討徵仕郎陳思育 乙丑進士

徵仕郎刑科右給事中管大勳 乙丑進士

工科都給事中孫枝 己未進士

巡綽官

特進光祿大夫柱國太保兼太子太傅錦衣衛掌衛事後軍都督府都督朱希孝

驃騎將軍錦衣衛管衛事後軍都督府署都督僉事孫鈺

昭勇將軍錦衣衛管衛事署都指揮僉事文質

懷遠將軍錦衣衛管衛事指揮同知李永

懷遠將軍錦衣衛管衛事指揮同知余蔭

明威將軍錦衣衛管衛事指揮僉事程堯相

懷遠將軍金吾前衛指揮同知谷登

明威將軍錦衣衛後衛指揮僉事尹鎮

印卷官

奉政大夫禮部儀制清吏司郎中戚元佐 壬戌進士

承德郎禮部儀制清吏司署員外郎事主事蹇達 壬戌進士

承德郎禮部儀制清吏司主事鍾崇文 壬戌進士

供給官

奉政大夫光祿寺少卿丘有嵓 癸丑進士

奉政大夫光祿寺少卿范惟丕 己未進士

承德郎光祿寺寺丞路王道 癸丑進士

將仕佐郎禮部司務蕭自脩 乙卯貢士

奉政大夫禮部精膳清吏司郎中查志立 丙辰進士

奉直大夫禮部精膳清吏司員外郎郭棐 壬戌進士

承德郎禮部精膳清吏司主事王宜 壬戌進士

恩榮次第

隆慶二年

三月十五日早諸貢士赴

內府

殿試

上御

皇極殿

親賜策問

三月十八日早

文武百官朝服侍班是日錦衣衛設鹵簿于
丹陛丹墀内
上御
皇極殿鴻臚寺官傳
制唱名
禮部官捧
黃榜皷樂導引出
長安左門外張掛畢順天府官用傘蓋儀從送狀
元歸第
三月十九日

賜宴於禮部宴畢赴鴻臚寺習儀

三月二十一日

賜狀元朝服冠帶及進士寶鈔

三月二十二日狀元率諸進士上

表謝

恩

三月二十三日狀元率諸進士詣

先師孔子廟行釋菜禮

禮部奏請

命工部於國子監立石題名

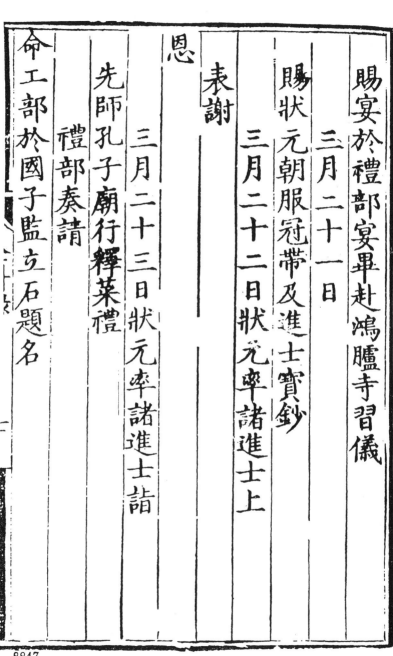

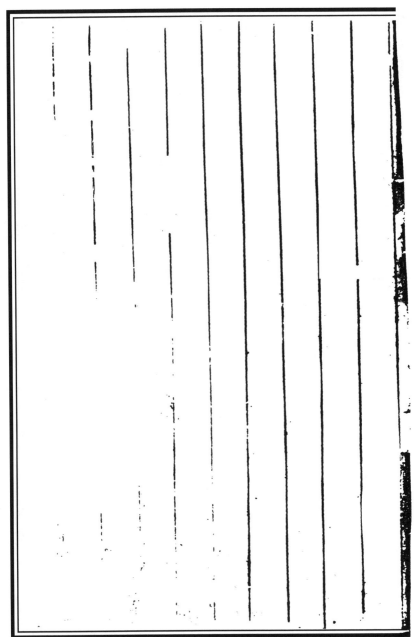

第一甲三名

賜進士及第

羅萬化　貫浙江紹興府會稽縣民籍　縣學生

治易經字一甫行十二年三十三九月十六日生

曾祖霆義官　祖道　父洪璧　母沈氏

具慶下　兄萬象　弟萬言萬善萬岳萬春萬全萬壽　娶金氏繼娶謝氏

浙江鄉試第八十四名　會試第三百五十一名

黃鳳翔

貫福建泉州府晉江縣民籍　縣學附學生

治春秋字鳴周行三年三十十二月十一日生

曾祖性監生　祖廷文　父繼宗　前母丘氏　世氏　母王氏

具慶下　兄鳳翊　娶薛氏

福建鄉試第四名　會試第一百二十六名

趙志臯

貫浙江金華府蘭谿縣軍籍　國子生

治易經字汝邁行三十二年四十五三月十三日生

曾祖年工部郎中進階奉政大夫　祖晨縣主簿　父賢　母張氏

永感下　弟志淑監生　娶方氏

浙江鄉試第四十六名　會試第七十七名

第二甲七十七名

賜進士出身

李長春　貫四川敘州府富順縣民籍湖廣公安縣人　富順縣學生

治詩經字元甫行一年二十四九月十七日生

曾祖文昌（累贈[illegible]院[illegible]都御史）　祖鳳（按察司副使）　父方至（[illegible]部郎中）　嫡母朱氏（封宜人）　生母王氏

具慶下　兄長虹長汀　弟長年長茂長諭富春貴春回春常春同春衡春　娶甘氏

四川鄉試第四十七名　會試第一百九十二名

王家屏

貫山西大同府應州山陰縣軍籍　縣學生
治詩經字忠伯行二年三十三閏十二月初一日生
曾祖縉 知縣　祖朝用 冠帶歲貢生　父憲武 貢士　母韓氏　繼母梁氏　景氏
慈侍下　兄家璮　弟家翰　家璧　家璽　家楫　娶霍氏　繼娶李氏
山西鄉試第十二名　會試第三百十三名

田一儁

貫福建延平府大田縣民籍　縣學生
治詩經字賓暘行一年二十九四月初五日生
曾祖廣實　祖琮　父洙 貢士　母陳氏
重慶下　娶范氏
福建鄉試第三名　會試第一名

李逢陽　國子生
貫南京金吾後衛軍籍直隸江都縣人
治詩經字惟明行一年四十八月初六日生
曾祖榮　祖春恩例冠帶　父祚　母黎氏
永感下　娶顧氏
應天府鄉試第六十九名　會試第二百二十四名

王周紹
貫直隸蘇州府太倉州軍籍崑山縣人　州學增廣生
治易經字仲孝行二年三十三五月十五日生
曾祖悌貢南刑南京禮部主事　祖世芳按察司撿事副使　父一貫　母周氏
嚴侍下　兄綽　弟組　純　約　綬監生　紈　維　續　館　娶施氏
應天府鄉試第一百二十四名　會試第一百三十名

張孟觀

貫福建鎮海衛銅山所軍籍　衛學增廣生

治詩經字輝甫行一年二十九九月二十六日生

曾祖貴祥　祖道廣　父瑞麟　母謝氏

重慶下　弟仲觀　娶鄭氏

福建鄉試第五十三名　會試第十三名

陳于陛

貫四川順慶府南充縣民籍　府學附學生

治禮記字元忠行一年二十四十二月十三日生

曾祖信累贈光祿大夫少傅兼太子太傅禮部尚書武英殿大學士　祖大策贈光祿大夫少傅兼太子太傅禮部尚書武英殿大學士　父以勤光祿大夫少傅兼太子太傅禮部尚書武英殿大學士　嫡母王氏封一品夫人　生母黃氏

具慶下　兄知虞　娶王氏

四川鄉試第四名　會試第三名

胡来貢 貫山東萊州衛官籍直隸泰州人 國子生

治易經字從治行二年三十一三月十二日生

曾祖秀百戶 祖璉百戶 父相聽選官 前母曲氏 母張氏

慈侍下 兄来獻 来儀 来聘 娶武氏

山東鄉試第十一名 會試第二百二十七名

王鼎爵 貫直隸蘇州府太倉州民籍 國子生

治春秋字家馭行二年三十三四月十一日生

曾祖侃 祖湧 父夢祥序班封翰林院編修 母吳氏封孺人

具慶下 兄錫爵翰林院編修 娶莊氏

應天府鄉試第一百二十九名 會試第五名

金學曾 貫浙江杭州府錢塘縣民籍 縣學附學生
治易經字子魯行二年二十七正月二十七日生
曾祖璽 祖淵 訓導 父枝 母畢氏
具慶下 兄學顏 弟學思 學孟 娶王氏
浙江鄉試第九十名 會試第三十五名

華叔陽 貫直隸常州府無錫縣民籍 縣學附學生
治易經字起龍行五年二十二十月十八日生
曾祖燁 祖謹 州判官封兵部郎中 父察 南京翰林院侍讀學士 嫡母錢氏 封宜人 生母顧氏
具慶下 兄伯貞 監生 仲亨 監生 娶王氏
應天府鄉試第十六名 會試第四十名

朱孟震 貫江西臨江府新淦縣民籍 國子生

治春秋字秉器行二十九年三十五十一月初二日生

曾祖顯隆 祖熙純 父瓚知縣 母吳氏

永感下 弟仲震 季震 娶盧氏 繼娶黃氏

江西鄉試第四名 會試第一百四十名

紀五常 貫山東萊州府膠州軍籍 州學生

治書經字一元行二年三十六正月初六日生

曾祖存仁教諭 祖希咸 父繪素 母鄭氏

慈侍下 兄克一同科進士 弟五章 娶趙氏

山東鄉試第三名 會試第一百六十四名

宋堯武

貫直隸松江府華亭縣民籍 府學增廣生

治詩經字季膺行四年二十九十一月二十一日生

曾祖論 貢士 祖公望 監生 父乾 王府引禮舍人 母張氏

慈侍下 兄堯仁堯咨堯斌堯俞 貢士 堯典堯勳堯明 貢士 堯文 弟堯績 娶張氏

應天府鄉試第五十五名 會試第一百二十七名

葉九金

貫福建興化府莆田縣民籍 縣學附學生

治書經字廷相行一年二十四八月十四日生

曾祖忠 贈工部主事加贈布政司右參政 祖珩 布政司左布政使 父士霈 母林氏

慈侍下 弟九節 九幖 九苞 娶林氏

福建鄉試第八名 會試第一百四十三名

徐顯卿

貫直隸蘇州府長洲縣民籍　縣學生

治易經字公望行三年三十二六月二十六日生

曾祖景春　祖廷蘭　父騏　母林氏　繼母李氏

慈侍下　兄顯臣　顯賢　弟顯宰　顯相　顯道　娶丘氏

應天府鄉試第九十二名　會試第一百四十二名

張世烈

貫陝西延安衛官籍　延安府學生

治詩經字丕揚行五年二十七十月初五日生

曾祖璁指揮僉事　祖鏞　父潔指揮僉事　母閻氏封恭人

慈侍下　兄世功　世勛指揮僉事　世葉　世勳　弟世効　娶李氏　繼娶王氏

陝西鄉試第二十一名　會試第三百九十四名

殷建中

貫直隸蘇州府吳縣民籍　國子生

治書經字子道行三年三十五九月初一日生

曾祖達　祖宗盛贈太常寺典簿　父轅　母王氏

具慶下　兄相俊　相儒　娶姚氏

應天府鄉試第一百二十一名　會試第三百五名

施夢龍

貫直隸常州府無錫縣民籍　國子生

治詩經字伯雨行一年三十三正月初四日生

曾祖度通判　祖訥　父隨　母倪氏

具慶下　娶談氏

應天府鄉試第八十九名　會試第四十七名

邵陛

貫浙江紹興府餘姚縣民籍　縣學增廣生

治禮記字世忠行二十二年三十四八月十二日生

曾祖珉訓導　祖文達封刑部主事贈工部郎中　父惠知府　前母吳氏贈宜人　母張氏封宜人

具慶下　兄垩　潼布政司左參議　型知縣　畯知府　壢　甄貢士　陞縣主簿　弟堪貢士　任　壓　圭　堤　塏　娶諸氏

浙江鄉試第八十四名　會試第五十名

陸萬垓

貫浙江嘉興府平湖縣匠籍　國子生

治書經字天溥行十四年三十六六月十七日生

曾祖輔　祖際　父鰲府同知　前母楊氏　母陳氏　繼母張氏

慈侍下　兄萬墢王府典簿　娶宗氏

應天府鄉試第三十三名　會試第一百九名

許應達 貫浙江嘉興府嘉興縣民籍 縣學附學生

治書經字伯漸行五年三十正月十四日生

曾祖節 壽官 祖梧 訓導 父燦 母聞人氏 繼母張氏

慈侍下 兄應詔 應坤 應堦 應堯 應垣 監生 弟應封 應圻 應坡 應埕 應塈 應奎 應時 應對 應堂 應邦 娶聞氏

浙江鄉試第六十六名 會試第三十四名

洪邦光 貫福建泉州府同安縣軍籍 縣學附學生

治易經字世龍行一年三十十二月初五日生

曾祖適 祖真源 父居正 母王氏

具慶下 弟邦基 邦彥 邦秩 娶張氏 繼娶許氏

福建鄉試第五十九名 會試第二百十三名

李維楨 貫湖廣承天府京山縣民籍 縣學生

治詩經字本寧行一年二十二閏九月十九日生

曾祖玨 祖景瑞（累封布政司參議） 父淑（按察司副使） 嫡母王氏（累贈恭人） 繼母陳氏（累封恭人） 生母畏氏

重慶下 弟維極 維柱 維標 維椿 娶王氏

湖廣鄉試第四十五名 會試第八名

趙來亨 貫江西南昌府南昌縣民籍 縣學生

治詩經字脩甫行一年二十六二月初二日生

曾祖文獻（壽官） 祖輔 父惟興（府同知） 前母程氏 母龔氏

慈侍下 娶張氏

江西鄉試第七十二名 會試第三百十名

喬因阜

貫陝西西安府耀州軍籍　州學生

治書經字思綿行二年三十三五月初三日生

曾祖志玉　祖仲節封南京戶部主事　父世盛按察司按察使　母宋氏封安人　繼母魚氏

慈侍下　兄因羽貢士　娶張氏

陝西鄉試第八名　會試第九名

喬木

貫直隸松江府上海縣竈籍　縣學生

治禮記字伯梁行一年三十三十月初七日生

曾祖經　祖晟　父鏜冠帶監生　母儲氏

慈侍下　弟本監生　彬　梧　娶周氏

應天府鄉試第七十名　會試第二十五名

姚宗堯　貫四川成都府內江縣民籍　府學附學生
治書經字守一行一年三十二十月十九日生
曾祖秉常　祖伯鍾　父克明　母陳氏
具慶下　弟宗舜　宗禹　娶田氏
四川鄉試第四十一名　會試第二百三十一名

陳允升　貫直隸蘇州府崑山縣民籍　縣學生
治易經字晉卿行一年三十七正月二十七日生
曾祖彝 教諭　祖嘉謨　父王政　母周氏　繼母華氏
具慶下　弟允恭　娶華氏
應天府鄉試第二十二名　會試第二十三名

李文簡

貫福建泉州府同安縣軍籍　縣學生

治易經字志可行二年三十七十二月初二日生

曾祖光俊　祖士濚　父鐸　母鄭氏

永感下　兄志學　弟志周　娶楊氏

福建鄉試第六十一名　會試第二百四十名

張位

貫江西南昌府南昌縣民籍新建縣人　府學生

治書經字明成行四年三十五正月初十日生

曾祖瑞（壽官贈府同知）　祖元春（知府食從三品俸進階亞中大夫）　父賀（光祿寺署丞）　母陳氏

慈侍下　兄儒　伯　作（貢士）　準　弟佩　化　份　[illegible]　任　娶曹氏

江西鄉試第二名　會試第二名

張大器

貫浙江寧波府慈谿縣軍籍 國子生

治詩經字尚通行七年三十三十一月十六日生

曾祖應熊 縣丞 祖晃 父汝弘 母馮氏 繼母周氏

具慶下 兄大觀 大中 大節 大定 大正 弟重器 娶裘氏

浙江鄉試第四十三名 會試第八十六名

江以東

貫直隸滁州全椒縣民籍 國子生

治詩經字貞伯行一年三十六三月二十五日生

曾祖泰 壽官 祖榮 順天府庫大使 父鍾 母林氏 繼母朱氏

慈侍下 弟以潮 以清 以漸 娶蕭氏

應天府鄉試第二十三名 會試第十六名

江折
貫浙江杭州府仁和縣民籍 國子生
治春秋字子望行六年四十一四月二十日生
曾祖比 布政司右參政累贈通議大夫工部右侍郎 祖瀾 南京禮部尚書累贈資德大夫太子少保謚文昭 父曉 工部右侍郎贈工部尚書 母沈氏 封宜人贈淑人 繼母鄭氏 封淑人
永感下 兄磐 弟璧 垣 順天府通判 堟 埭 娶李氏
順天府鄉試第二名 會試第六十五名

方沆
貫福建興化府莆田縣民籍 府學增廣生
治書經字子及行八年二十七七月二十七日生
曾祖良節 布政司右布政使 祖重熙 貢士 父攸躋 南京戶部員外郎 母劉氏
嚴侍下 兄淋 澴 瀚 貢士 溥 洵 湛 湰 洋 源 弟溼 浯 泮 浹 演 娶林氏
福建鄉試第三名 會試第一百六十七名

陳王道

貫山西平陽府臨汾縣軍籍　縣學增廣生
治詩經字子敬行一年二十九十一月初十日生
曾祖添　祖旺　父勝　母霍氏
慈侍下　弟大道　娶張氏
山西鄉試第四十六名　會試第三百五十名

施近臣

貫直隸池州府青陽縣民籍　縣學增廣生
治詩經字晉甫行一年三十七七月二十七日生
曾祖旻　祖溶　父宗聖　母姜氏　繼母江氏
嚴侍下　弟遠臣　遴臣　逸臣　選臣　筵臣　娶陳氏
應天府鄉試第六名　會試第一百八十一名

袁一虬
貫直隸蘇州府長洲縣民籍 府學增廣生
治易經字汝化行四年二十九五月十九日生
曾祖昂累贈通議大夫南京太常寺卿 祖雯累贈通議大夫南京太常寺卿 父世恩 前母翁氏 母胡氏
具慶下 兄龍良醫正 鵬 鳳 弟鶚 鮫 驥 駿 鯤 鸞 娶曾氏
應天府鄉試第七十八名 會試第九十九名

韓世能
貫直隸蘇州府長洲縣民籍 府學生
治詩經字存良行二年三十三十月初七日生
曾祖琪壽官 祖永椿 父宗道 母邢氏 繼母陸氏
具慶下 兄世賢 弟世方 世正 世科 娶沈氏
應天府鄉試第六十三名 會試第二百十五名

郝汝松 貫陝西延安府綏德州民籍 國子生
治詩經字茂甫行一年三十五十月二十六日生
曾祖瑄 祖思溫(壽官) 父光 母賀氏 繼母陳氏 劉氏
重慶下 弟汝楠(聽選官) 汝梁 娶麻氏
陝西鄉試第四十一名 會試第一百六名

屠謙 貫浙江嘉興府秀水縣民籍平湖縣人 秀水縣學附學生
治易經字子益行一年三十三月初五日生
曾祖勲(太子太保刑部尚書贈少保謚康僖) 祖應埈(右春坊右諭德兼翰林院侍讀) 父孟玄(監生) 母金氏 繼母金氏
重慶下 爵 蒙(貢士) 順 泰 衷 復 椒 履 梓 中孚 豫 禎 節 臨 觀 娶沈氏
浙江鄉試第二十八名 會試第二百六十名

王繼祖　貫陝西寍夏衛軍籍　咸寍縣學生

治詩經字克紹行一年三十五五月十六日生

曾祖寍　祖彥文　父鑑　前母洪氏　母陳氏　繼母楊氏

慈侍下　弟繼業　娶陳氏　繼聘亢氏

陝西鄉試第一名　會試第一百五十八名

黃焯　貫江西南昌府豐城縣民籍　府學附學生

治易經字原靜行二年三十一七月初六日生

曾祖甫綮　祖世脩　父檜　母沈氏

具慶下　兄燧　弟烜　烇　娶魏氏

江西鄉試第二十六名　會試第十七名

李伯芳

貫廣東韶州府英德縣民籍 縣學生

治禮記字廷實行二年三十六二月初十日生

曾祖覺緣 祖公瑛 父文秀 母朱氏

具慶下 兄伯材 娶成氏 繼娶方氏

廣東鄉試第十八名 會試第三百九十五名

李熙

貫福建泉州府晉江縣軍籍 縣學附學生

治易經字穆之行二年二十九七月十一日生

曾祖鑑 祖清 父文漢（教諭） 母謝氏

嚴侍下 兄勲 弟點 杰 燾 煦 烋 然 娶詹氏

福建鄉試第二十四名 會試第四十六名

馮孜

貫浙江嘉興府桐鄉縣民籍　縣學生

治易經字子漸行一年三十三二月初四日生

曾祖瑾壽官　祖莊　父倫　母張氏

重慶下　弟敏　娶都氏　繼娶項氏

浙江鄉試第五十九名　會試第一百九十八名

王汝魯

貫河南南陽府南陽縣軍籍　國子生

治書經字希曾行三年三十六七月初二日生

曾祖本贈通議大夫吏部左侍郎　祖鴻儒南京戶部尚書贈資政大夫諡文莊　父可通判　前母李氏贈淑人　母曾氏封淑人

慈侍下　兄汝祖　汝憲　弟汝賁　汝光　祖述　祖法　祖繩　祖墀　祖恩　祖念　娶鄭氏　繼娶楊氏

河南鄉試第八名　會試第二百五十八名

林景暘 貫直隸松江府華亭縣民籍上海縣人 華亭縣學生
治詩經字紹熙行一年三十四十一月二十三日生
曾祖章 祖祥 父正蓬 母王氏
重慶下 娶滕氏
應天府鄉試第九名 會試第三百四十六名

甘来學 貫四川雅州民籍 州學生
治易經字開之行二年三十一四月十一日生
曾祖敬和壽官 祖溥縣丞 父符 母陳氏
具慶下 弟曾學監生 為學 理學 祖學 尹學 正學 娶張氏
四川鄉試第十名 會試第二百四十四名

唐可封 貫四川敘州府富順縣民籍 縣學增廣生
治詩經字隆臣行二年三十七十月二十四日生
曾祖深 祖紹安 父愛 母司氏 繼母劉氏
具慶下 兄可華 弟可績 可試 娶尹氏
四川鄉試第三十二名 會試第二百十二名

張一桂 貫河南開封府祥符縣民籍直隸歙縣人 國子生
治詩經字庭芳行一年二十九四月二十四日生
曾祖夢環 祖福髙 父清 母劉氏
慈侍下 娶鄭氏
河南鄉試第二十名 會試第九十六名

鄭汝璧 貫浙江處州府縉雲縣軍籍 府學生

治易經字邦章行二十九年二十三正月十九日生

曾祖因 祖文 父重 母樊氏

重慶下 弟汝奎 汝巽 汝彰 娶周氏

浙江鄉試第六十七名 會試第二百三十五名

胡養正 貫陝西漢中府南鄭縣民籍 府學生

治書經字繼功行三年三十三六月十六日生

曾祖讓 祖文輝 父羽 母何氏

永感下 兄一清 一濂 娶張氏

陝西鄉試第六名 會試第三百七十五名

沈藻　貫浙江嘉興府海鹽縣民籍　縣學附學生
治詩經字元明行一年三十五九月二十三日生
曾祖珩　祖昭　父仁　母陳氏
具慶下　弟苓　娶陳氏
浙江鄉試第六十五名　會試第一百八十四名

周啓祥　貫浙江杭州府海寧縣民籍　縣學增廣生
治易經字源伯行一年二十五十一月初八日生
曾祖尚禮壽官　祖易　父甸監生　前母徐氏　母沈氏
嚴侍下　弟啓祚　娶朱氏
浙江鄉試第七十七名　會試第三十七名

徐應奎　貫浙江寧波府鄞縣民籍　縣學附學生

治易經字汝祥行一年三十二七月初十日生

曾祖通古　祖復　父相　母張氏

慈侍下　弟應龍　應時　應科　娶周氏

浙江鄉試第八十一名　會試第九十名

王體復　貫山西平陽府太平縣軍籍　縣學增廣生

治易經字陽父行三年二十一十月初三日生

曾祖寧　祖倫　父應時恩例訓導　前母趙氏　母荀氏

具慶下　兄體乾　體震　弟體泰　體晉　體益　體巽　娶高氏

山西鄉試第三十三名　會試第二百六十八名

顧顯仁

貫直隸常州府武進縣民籍　縣學附學生

治詩經字元伯行一年三十五月初三日生

曾祖昌　祖萬　父懋　母張氏

具慶下　弟顯謨　顯宗　顯秩　顯名　娶楊氏

應天府鄉試第一百三十五名　會試第三百七十六名

劉葵

貫羽林前衛官籍順天府通州人　府學生

治詩經字効忠行二年三十四六月初六日生

曾祖綱百戶　祖昇百戶　父輔　母康氏

具慶下　兄宗皋百戶　弟宗稷　宗契　仲葵　叔葵　娶蘇氏

順天府鄉試第七名　會試第六十三名

汪審

貫江西廣信府弋陽縣民籍　縣學附學生

治書經字惟幾行三十九年三十二四月二十日生

曾祖珍　祖仁　父紀　母張氏

具慶下　兄宛(貢士)　憲　弟晏　寯　宣　學　察　娶張氏

江西鄉試第七十五名　會試第四十四名

于慎行

貫山東兗州府東平州東阿縣民籍　縣學增廣生

治詩經字可遠行四年二十四九月二十九日生

曾祖忠　祖時　父玭(府同知)　母劉氏

永感下　兄慎勤　慎思　慎言(貢士)　弟慎由　娶秦氏

山東鄉試第六名　會試第二百八十七名

陳潤

貫湖廣永州衛官籍　零陵縣學增廣生

治易經字汝新行四年二十二三月二十九日生

曾祖鑾貢士　祖玄教授　父筆　前母程氏　母蔡氏

慈侍下　兄源　瀾　沇　泮　洛　涓　潤貢士　瀌　淮　娶王氏

湖廣鄉試第十五名　會試第二百四名

沈懋孝

貫浙江嘉興府平湖縣民籍　縣學生

治易經字幼真行一年三十二七月十二日生

曾祖溱文思院大使　祖柬監生　父弘光監生　母俞氏　繼母張氏

具慶下　弟懋莊　懋時　懋嘉　娶錢氏

浙江鄉試第七名　會試第十三名

王之士 貫山東濟南府鄒平縣民籍 縣學生
治書經字吉甫行一年三十三正月十二日生
曾祖晟壽官 祖誥教諭 父陽 母孫氏
重慶下 弟之賢 之才 娶韓氏
山東鄉試第四十七名 會試第一百十六名

陳九仞 貫福建漳州府漳平縣軍籍 國子生
治春秋字爾進行三年三十二十月十五日生
曾祖文應訓術 祖翀 父如璧王府引禮舍人 嫡母林氏 生母謝氏
慈侍下 兄九敘貢士 九階監生 弟九禮副千戶 九儀 九敉 九正 九卿 娶朱氏
福建鄉試第八十七名 會試第二百九十七名

王懋德

貫廣東瓊州府文昌縣民籍　縣學增廣生

治禮記字敏中行一年三十四八月十一日生

曾祖祿監生　祖賓　父良弼　母唐氏

具慶下　弟懋功　懋昭　懋修　娶李氏

廣東鄉試第五十六名　會試第三百四十七名

蘇民望

貫直隸大名府開州長垣縣軍籍　縣學生

治詩經字子惠行二年三十二三月二十八日生

曾祖通　祖隆　父勳　母陳氏

具慶下　兄民生　弟民慕　民彝　娶陳氏

順天府鄉試第九十七名　會試第二百三名

葉明元 貫福建泉州府同安縣軍籍 儒士

治詩經字珣虞行一年二十七三月初十日生

曾祖達 祖宗興 父常春 母汪氏

永感下 弟明凱 明官 明牧 娶蔡氏 繼娶林氏

福建鄉試第十四名 會試第一百二十九名

吳自新 貫應天府江寧縣民籍直隸河間縣人 國子生

治書經字伯恒行一年二十八六月初三日生

曾祖佳 祖節壽官 父明德 母李氏 繼母徐氏

重慶下 弟自振 自學 自修 自弘 自強 娶李氏

應天府鄉試第八名 會試第二十一名

劉伯燮

貫湖廣德安府孝感縣民籍 國子生

治詩經字元甫行二年三十七五月二十四日生

曾祖本旻 祖寬德 父廷相 母方氏

重慶下 兄伯生知縣 娶何氏

湖廣鄉試第一名 會試第六名

蔡文範

貫江西瑞州府新昌縣民籍 縣學附學生

治禮記字道華行四年二十七閏五月初一日生

曾祖廷珎封大理寺左寺副 祖純夫 父誠 母胡氏 繼母徐氏 熊氏

具慶下 弟文簡 娶胡氏 繼娶李氏

江西鄉試第五十五名 會試第一百十八名

胡緒　貫江西南昌府豐城縣民籍　縣學生

治易經字本理行四年四十三十二月初二日生

曾祖傑望壽官　祖天民　父備　母羅氏

具慶下　兄繪　絢　絨　弟終　緯　娶陳氏

江西鄉試第四十名　會試第一百七十八名

吳肇東　貫直隸安慶府太湖縣民籍　國子生

治詩經字守初行一年三十九十二月十三日生

曾祖通縣主簿　祖玘　父鯉知州　母王氏

永感下　弟建東　娶余氏

應天府鄉試第一百二十六名　會試第一百七十六名

焦玄鑑 貫直隸寧國府太平縣民籍 儒士

治詩經字仲明行二年四十九十一月十六日生

曾祖杞祥 祖穀榮 父暹 母陳氏

永感下 兄玄佑 玄憩 弟玄良 玄兆 玄應 玄愷 玄高 玄懿 娶王氏

應天府鄉試第四十五名 會試第一百十一名

朱賡 貫浙江紹興府山陰縣民籍 府學生

治易經字少欽行三年三十四七月十四日生

曾祖魁壽官 祖廷贊 父公節知州 母陸氏 繼母葉氏

慈侍下 兄應 弟庶 度 席 廈 娶陳氏

浙江鄉試第八十四名 會試第三十名

傅時望 貫四川夔州府萬縣民籍 縣學生
治易經字仲瞻行三年二十八十月初二日生
曾祖彥瓚 祖萬鍾 父冠 母杜氏
具慶下 兄時敏 時敬 弟時亨 時達 時遇 娶孫氏
四川鄉試第四十六名 會試第一百六十三名

錢順德 貫直隸蘇州府常熟縣民籍 府學增廣生
治春秋字道充行二年三十十月初七日生
曾祖泰遇例冠帶 祖元禎七品散官 父體仁 母趙氏
具慶下 兄順時進士 弟順理 順治 順化 娶趙氏
應天府鄉試第一百八名 會試第一百三十二名

第三甲三百二十三名

賜同進士出身

盧維禎　貫福建漳州府漳浦縣民籍　縣學附學生
治詩經字司典行六年二十七四月初三日生

曾祖愷　祖鑑　父池　嫡母沈氏　生母李氏

永感下　兄維藩　維監　廷翰　維城　娶張氏

福建鄉試第四十七名　會試第三百名

李頎

貫江西饒州府餘干縣民籍　縣學生

治書經字惟貞行四年二十七五月初二日生

曾祖璁壽官　祖伯卿州同知　父思監生　母張氏

慈侍下　兄豫　弟謙　豐　觀　需　奎　櫓　城　靈　娶張氏

江西鄉試第三十七名　會試第一百七十七名

栗在庭

貫陝西鞏昌府會寧縣民籍　縣學生

治易經字應鳳行一年三十一十一月初三日生

曾祖慶宿　祖仲堅壽官　父塘　母趙氏

重慶下　弟在位　在官　娶張氏　繼娶范氏

陝西鄉試第四十名　會試第二百八十八名

馮時雨 貫直隸蘇州府長洲縣民籍崑山縣人 長洲縣學生

治易經字化之行一年三十五二月二十二日生

曾祖昌 祖魁 父瑛 母馬氏

具慶下 弟時中 時行 時泰 娶陸氏

應天府鄉試第一百四名 會試第一百九十名

江廷寄 貫直隸寧國府旌德縣民籍 縣學增廣生

治詩經字時任行四年二十八八月十七日生

曾祖溥贈推官 祖文順 父詒 母呂氏

具慶下 兄廷錫 廷鐵 廷程 弟廷富 廷寀 廷寶 廷寬 娶呂氏

應天府鄉試第一百三十三名 會試第二百四十一名

劉體道

貫江西瑞州府新昌縣民籍　縣學生

治詩經字親正行十年三十四八月初四日生

曾祖士謀　祖資仲　父亦璫　母王氏

慈侍下　兄體乾　體仁　弟體德　體義　體恒　娶易氏

江西鄉試第七十四名　會試第三十六名

鄭遷

貫福建興化府莆田縣軍籍　縣學增廣生

治詩經字孟喬行一年三十五正月十三日生

曾祖維涵　祖子會　父如圭　母林氏

永感下　弟選　娶彭氏

福建鄉試第八十六名　會試第一百六十五名

來經濟 貫浙江紹興府蕭山縣竈籍 國子生
治書經字濟時行一年三十九六月二十四日生
曾祖天球 按察司按察使 祖應元 父聞凱 母周氏
慈侍下 兄汝賢 禮部主事 弟經邦 經正 經明 娶周氏
浙江鄉試第二十四名 會試第二百十四名

辛如金 貫山東東昌府高唐州恩縣民籍 縣學附學生
治易經字汝礪行七年四十一十一月初九日生
曾祖景中 名五 祖興 父紹祖 教諭 母梁氏
永感下 兄義章 紫章 儀章 守正 守約 如硃 弟如蘭 如水 如山 娶范氏
山東鄉試第二十四名 會試第六十名

張偲

貫江西南昌府新建縣民籍南昌縣人　新建縣學附學生

治詩經字士忠行一年二十四十二月初一日生

曾祖應明　祖爍恩例冠帶　父桓　母龔氏

具慶下　娶李氏

江西鄉試第三十五名　會試第七十八名

須用賓

貫直隸常州府武進縣匠籍　府學增廣生

治詩經字國卿行三年二十九正月十三日生

曾祖世英　祖廷儀王府引禮舍人　父啓元監生　母蔣氏

慈侍下　兄用敬　用中　弟用德　用明　娶陸氏

應天府鄉試第一百三十五名　會試第二百二十八名

王任重 貫福建泉州府晉江縣軍籍 縣學生
治易經字世卿行二年二十九九月十二日生
曾祖榮 祖璉 父寅 母吳氏
永感下 兄任聘 任翰 弟任選 娶陳氏
福建鄉試第八十四名 會試第二百八十六名

羅璧 貫湖廣承天府沔陽州軍籍 州學生
治詩經字伯現行四年三十八正月初一日生
曾祖逌 祖倫 父立 前母袁氏 母胡氏
永感下 兄堂 基 奎 娶方氏
湖廣鄉試第十六名 會試第十八名

鍾庚陽　貫浙江嘉興府秀水縣民籍崇德縣人　秀水縣學附學生

治書經字長卿行三年二十九四月三十日生

曾祖完　祖璧　父天才　母顏氏　繼母徐氏

具慶下　弟慶陽　娶孫氏

浙江鄉試第四十六名　會試第四十九名

侯世卿　貫直隸真定府晉州武強縣民籍　縣學生

治詩經字國輔行一年二十七六月二十九日生

曾祖廣　祖自朝　父尚義　母楊氏

具慶下　娶宋氏

順天府鄉試第一百九名　會試第二十六名

周于德 貫河南開封府祥符縣民籍 府學增廣生

治詩經字貞吉行一年三十一六月二十七日生

曾祖誠 祖達聽選官 父全儀賓 母忻州郡君

具慶下 兄之麟 娶李氏

河南鄉試第十名 會試第二百十九名

李廷益 貫福建泉州府晉江縣民籍 縣學附學生

治詩經字在謙行二年二十七八月二十一日生

曾祖普 祖壽 父奇俊知縣 母莊氏

永感下 兄廷詩 廷禮 廷儀貢士 廷謨 弟廷訓 娶蔡氏

福建鄉試第三十一名 會試第四十二名

周繼夏 貫浙江紹興府諸暨縣民籍 國子生

治禮記字以亨行十二年三十一四月十三日生

曾祖湘 祖禹 父理 母石氏 繼母石氏

慈侍下 娶鄭氏

順天府鄉試第二十七名 會試第三百六十二名

錢普 貫直隸常州府無錫縣軍籍 縣學增廣生

治詩經字以德行一年二十八三月初六日生

曾祖稠 祖琭 父貢 貢士 母李氏

重慶下 弟曾 娶周氏

應天府鄉試第五十二名 會試第三百八十八名

張堯年　貫浙江紹興府餘姚縣官籍　縣學增廣生
治易經字長卿行二年二十九八月二十五日生
曾祖瓚（刑部員外郎）　祖遷　父啓元　母蘇氏
嚴侍下　兄讃　弟詔　講　諤　訪　娶曾氏
浙江鄉試第八十名　會試第三百六十三名

劉世賞　貫四川重慶府巴縣民籍　府學增廣生
治書經字功甫行二年三十二十月十五日生
曾祖春（禮部尚書兼學士詹事府事贈太子太保謚文簡）　祖彭年（都察院右副都御史進階正議大夫）　父起宗（按察司提學副使）　前母李氏（贈淑人）　母柳氏（封淑人）
慈侍下　兄世曾（監察御史）　世賞　弟世選　世奇　世用　世科　世芳　世琛　世禎　世亨　世曆　世揚　娶趙氏
四川鄉試第三名　會試第一百三十八名

劉應麒　貫江西饒州府鄱陽縣民籍　縣學附學生

治易經字道徵行三年二十五十二月初六日生

曾祖山　祖文桂　父濟衆　母蕭氏

具慶下　兄應卿　應臣　弟應麟　應魁　應元　應忠　娶高氏

江西鄉試第四十五名　會試第二百九十六名

劉登庸　貫河南河南府洛陽縣軍籍　國子生

治詩經字行可行一年三十八十一月初五日生

曾祖泰　祖貫 冠帶生員　父濟民 知縣贈尚寶司卿　母孫氏 封太宜人

慈侍下　弟奮庸 尚寶司卿　徽庸　任庸　時庸　娶李氏

河南鄉試第三十四名　會試第三百三十三名

陳堂 貫廣東廣州府南海縣民籍 縣學附學生
治詩經字明佐行一年三十二十一月二十九日生
曾祖吉 祖廉 父其魯 母林氏
具慶下 娶周氏
廣東鄉試第七十三名 會試第五十六名

敖鯤 貫江西臨江府新喻縣民籍 國子生
治詩經字化甫行七年三十九九月二十六日生
曾祖資評 祖審和 父維琛壽官 母黃氏
嚴侍下 兄鱗 龍 娶黃氏
江西鄉試第二十八名 會試第二百九十一名

蔡汝賢 貫直隸松江府華亭縣匠籍 國子生

治詩經字用卿行一年三十六正月二十五日生

曾祖士安 祖璧 父憲 母胡氏

永感下 弟汝才 汝文 汝良 汝成 娶錢氏

應天府鄉試第五十八名 會試第八十八名

聶良杞 貫江西撫州府金谿縣民籍 縣學附學生

治春秋字汝實行四十二年二十二七月十二日生

曾祖重慶 祖達 父蔣 母陶氏 繼母王氏

具慶下 兄良彬 良栻 娶徐氏

江西鄉試第五名 會試第十五名

陳昌言

貫四川成都府資陽縣民籍　縣學生

治詩經字仲俞行二年二十九正月二十五日生

曾祖翰縣主簿　祖大任　父鶴陽知縣　嫡母詹氏　生母徐氏

慈侍下　兄正言訓導　孔言　一言　弟文言　可言　娶熊氏

四川鄉試第四十三名　會試第三十一名

劉庚

貫山東青州府壽光縣官籍　縣學生

治書經字公恒行六年二十五二月初十日生

曾祖珽　祖銳　父承學知州　嫡母霍氏封孺人　生母常氏

具慶下　兄庇　廓戶部郎中　序　度　娶彭氏

山東鄉試第二十四名　會試第三百三十八名

唐裔

貫直隸常州府無錫縣民籍　國子生

治詩經字世卿行一年三十六十月初八日生

曾祖全　祖順　父岳　母袁氏

慈侍下　弟禎貢士　裕　娶蔣氏

應天府鄉試第八十八名　會試第二百五十六名

田子堅

貫河南河南府永寧縣民籍　縣學生

治春秋字茂甫行二年三十七九月初十日生

曾祖安　祖斌　父理教諭　母蔡氏　繼母金氏

具慶下　兄子秀　弟子栗　子碩　娶徐氏　繼娶楊氏　張氏

河南鄉試第九名　會試第二百七十名

蔣遵箴

貫廣西桂林府全州民籍 州學附學生

治易經字淑四行十二年二十五六月十七日生

曾祖溥 祖璽 父三讓驛丞 母唐氏

重慶下 兄遵祖遵夔遵善 弟遵藩遵節遵簡遵英遵美 娶侯氏

廣西鄉試第五十五名 會試第三百七十七名

龔勉

貫直隸常州府無錫縣軍籍 縣學生

治書經字子勤行五年三十三十一月十四日生

曾祖文迪 祖懋 父雱 母徐氏

嚴侍下 兄助 恪 娶張氏

應天府鄉試第一百一名 會試第一百五十七名

李尚思

貫山西平陽府曲沃縣軍籍　縣學增廣生
治易經字從學行四年三十八月初四日生
曾祖玫　祖讓　父明性　母梁氏　繼母許氏
具慶下　兄尚質　尚友　尚觀　弟尚信　尚實　娶王氏
山西鄉試第一名　會試第三百四名

林敬晃

貫福建興化府莆田縣民籍　府學增廣生
治書經字紹周行一年二十八三月二十八日生
曾祖與節　祖待東　父亮邦　母黃氏
重慶下　弟端晃　敬止　敬忠　敬義　廕　敬賢　娶張氏
福建鄉試第七名　會試第三百四十五名

李陽春

貫浙江杭州府餘杭縣民籍　縣學生

治易經字時化行一年二十四九月十三日生

曾祖本元　祖滄縣丞　父枝監生　母盛氏

具慶下　兄泰然歲貢生　榮春應春先春　弟常春際春富春隆[illegible]　娶潘氏

浙江鄉試第二名　會試第二百七十八名

張嵿

貫江西建昌府南城縣軍籍　府學生

治禮記字子謙行四十九年四十二十一月二十九日生

曾祖文獻　祖復贈南京兵馬副指揮　父忠通判　母黃氏封孺人

永感下　兄巖　對　嶠　岌　娶寗氏

江西鄉試第十名　會試第一百三十五名

陳所敏 貫江西撫州府金谿縣軍籍 縣學附學生
治書經字吾達行九年三十六九月初七日生
曾祖昱 祖鏞 父相 母余氏
永感下 兄所致 所教 所效 弟所孜 所傚 娶劉氏
江西鄉試第七十三名 會試第一百四十六名

張崶 貫浙江紹興府餘姚縣民籍 縣學附學生
治禮記字汝登行九年二十八五月十五日生
曾祖時澤知府 祖萊 父恒封行人司行人 母蔡氏
具慶下 兄畣 有德 岳布政司左參議型 埰 弟埘 娶韓氏
浙江鄉試第四名 會試第二百六十七名

鄭岳 貫福建福州府長樂縣軍籍 閩縣學附學生
治詩經字永翰行三年二十九五月初二日生
曾祖萬忠 祖宗厚 父文元 母程氏
具慶下 兄德興 德昌 德安 娶鄒氏
福建鄉試第六十名 會試第三百四十三名

胡峻德 貫河南汝寧府光州民籍 州學生
治詩經字明卿行一年二十八四月初八日生
曾祖本 祖廷贇 父鐩 母李氏
重慶下 弟崇德 娶潘氏
河南鄉試第四十二名 會試第一百七十名

張楚城

貫湖廣荊州府江陵縣民籍 府學生

治易經字鳌卿行三年四十二二月初七日生

曾祖遜 祖昂 父輔 母盛氏

永感下 兄楚瞻 楚翹貢士 弟楚善 娶劉氏

湖廣鄉試第三十九名 會試第一百一十名

李一本

貫河南汝州郟縣軍籍 國子生

治詩經字汝培行一年三十二四月二十日生

曾祖昶 祖純 父璋 前母雷氏 母郝氏

具慶下 兄山 林 弟本 方 分 田 坡 原 樹 區 兩 娶王氏 繼娶高氏

河南鄉試第四十九名 會試第三百八十一名

張克文
貫江西臨江府新淦縣儒籍　縣學生
治易經字宗質行七年三十六四月二十一日生
曾祖儀範　祖德光　父時用　母黃氏
具慶下　弟堯文重　先文　竞文　究文　亮文　娶廖氏
江西鄉試第八十四名　會試第二百五十七名
薛綸
貫山西行都司天城衛軍籍　國子生
治詩經字汝爲行二年三十八月二十一日生
曾祖士秀　祖玘　父雲　母柴氏
永感下　兄經監生　弟纓　娶宋氏　繼娶徐氏
順天府鄉試第一百二十八名　會試第二百二十二名

邵一本

貫浙江紹興府餘姚縣民籍　縣學附學生

治書經字志道行五年三十五正月二十八日生

曾祖莊　祖冕　父潮　母鄒氏

慈侍下　弟貫元申桯士貢一德一成一善　娶徐氏　繼娶胡氏

浙江鄉試第八十七名　會試第一百七十四名

陳萬言

貫錦衣衛旗籍順天府宛平縣人　府學生

治易經字汝嘉行一年三十九三月二十一日生

曾祖璘序班　祖立甫　父定之　母何氏

慈侍下　娶劉氏

順天府鄉試第一百八名　會試第二百三十名

梁許　貫河南河南府孟津縣軍籍　縣學生

治易經字君可行一年三十九九月二十四日生

曾祖庸　祖壽 王府典膳　父相 縣主簿　母陳氏　繼母曹氏

慈侍下　弟試　娶程氏

河南鄉試第三十一名　會試第一百九十三名

高時　貫山東濟南府濟陽縣軍籍　府學生

治易經字師孔行一年三十二十一月十六日生

曾祖隨　祖珎　父守賢　母李氏

具慶下　弟仰　光　企　瞻　娶張氏

山東鄉試第四十五名　會試第三百三十七名

祝世喬

貫浙江杭州府海寧縣匠籍 縣學生

治易經字子遷行五年四十一八月初六日生

曾祖涇 祖昌祚 父繼弘 母沈氏

慈侍下 兄世奎 世璧 世賓 世欽 弟世登 娶黃氏 繼娶黃氏

浙江鄉試第五十二名 會試第一百十四名

傅性敏

貫河南歸德府睢州民籍 州學生

治禮記字惟學行二年三十七十一月十四日生

曾祖淮 祖廷佐壽官 父岩 母郭氏

慈侍下 兄性淳 弟性善 性毅 娶黃氏

河南鄉試第四名 會試第二百三十四名

史思敬

貫錦衣衛校籍直隸真定府冀州棗強縣人　縣學生

治易經字直卿行二年三十二十月十二日生

曾祖瑛 義官　祖簡 義官　父瀛 行太僕寺主簿　前母崔氏　母張氏

具慶下　兄思誠　弟思慎　思學　思憲　思補　娶李氏

順天府鄉試第五十二名　會試第三百九十七名

章以誠

貫直隸保定府定興縣民籍　國子生

治書經字立夫行三年三十一九月二十五日生

曾祖福 倉大使　祖思古　父儒　母藺氏　繼母王氏

永感下　兄以論　以詔　娶潘氏

順天府鄉試第十四名　會試第一百九十一名

賈應壁

貫直隸常州府無錫縣民籍 縣學附學生

治書經字文宿行四年三十一正月二十九日生

曾祖公迪 祖朝陽 父時正 母華氏

永感下 兄應科 應龍 應奎 弟應禎 應德 娶葉氏

應天府鄉試第十七名 會試第三百六十六名

唐邦佐

貫浙江金華府蘭谿縣民籍 縣學增廣生

治易經字惟良行三十七年二十八正月初七日生

曾祖興 祖翱 父汝遵 母王氏

慈侍下 兄邦化 邦倫 弟邦傅 任 伯 治 仰 娶翁氏

浙江鄉試第八十九名 會試第三百五十五名

沈一貫 貫浙江寧波府鄞縣民籍 國子生

治易經字肩吾行五年三十二三月十一日生

曾祖宗義 祖元瑞 父仁信 母洪氏

具慶下 兄一初 一經 弟一言 一中 一本 娶張氏

浙江鄉試第二十名 會試第四名

張正道 貫四川潼川州民籍 州學生

治易經字可守行一年三十八月二十二日生

曾祖伯璣 教諭贈兵科右給事中 祖翀 中禮科都給事中贈太常寺少卿 父肅 通判 母金氏

具慶下 弟正學 貢士 正論 娶王氏

四川鄉試第七十名 會試第三百六十名

王應辰 貫河南汝寧府信陽州民籍 州學增廣生
治書經字瞻極行三年三十二月二十日生
曾祖訓 祖朝良知縣 父省 母黃氏
慈侍下 兄應元 應期 娶李氏
河南鄉試第九名 會試第三百四十二名

高世雨 貫河南開封府原武縣民籍 縣學生
治春秋字元化行二年三十六四月初九日生
曾祖敬監生 祖舉知縣贈知州 父自脩府同知 前母靳氏封宜人 母薛氏
永感下 兄世霖王府典膳 弟世鹽 世航 娶張氏
河南鄉試第二十四名 會試第二百八十五名

徐應聘

貫湖廣黃州府黃岡縣軍籍　府學生

治詩經字任卿行一年二十五七月二十四日生

曾祖俸　祖諭　父廷蘭　母丘氏

重慶下　弟應選　應魁　應元　娶吳氏

湖廣鄉試第四十三名　會試第二百十七名

楊道會

貫福建泉州府晉江縣民籍　府學附學生

治易經字惟宗行一年二十六九月二十三日生

曾祖江　祖仲夏　父敦默　母陳氏

具慶下　弟道敷　道昇　道悄　道明　道振　道紹　道化　娶許氏

福建鄉試第六十一名　會試第五十四名

賈三近

貫山東兗州府嶧縣民籍 國子生

治易經字德脩行一年三十五正月十三日生

曾祖訪推官 祖宗魯教授 父夢龍歲貢生 母陳氏

具慶下 兄三省 三聘 弟三恕 三才 三就 娶井氏

山東鄉試第十名 會試第四十三名

趙三聘

貫山西平陽府蒲州河津縣民籍 縣學增廣生

治禮記字天民行四年三十三月二十一日生

曾祖盤 祖軏 父九成府照磨 前母路氏 母周氏 繼母杜氏 劉氏 徐氏

永感下 兄三畏 三樂 三隅 弟三綱 娶柴氏

山西鄉試第四十四名 會試第三百十五名

沈思孝

貫浙江嘉興府嘉興縣民籍 縣學附學生

治書經字純甫行一年二十七十月初六日生

曾祖璧 援例千戸 贈[illegible]郎 祖銓 驛丞 父英華 母陳氏

重慶下 弟思明思齊思誠思憲思道思克思進思震思通思慶思述 娶陶氏

浙江鄉試第六十名 會試第一百二十八名

吳道邇

貫福建漳州府龍溪縣民籍 府學附學生

治易經字學平行一年二十七八月二十九日生

曾祖盤 祖仁榮 父以清 母丘氏

慈侍下 兄道濟道東道會道善 刑部主事 道楫道沛道瀌 弟道原道業克岐克弘 娶陳氏

福建鄉試第五十九名 會試第一百二十名

馬千乘

貫浙江嘉興府平湖縣軍籍　縣學附學生

治書經字國良行二年三十六二月二十八日生

曾祖襄　祖文典吏　父璃　母秦氏　繼母胡氏

永感下　兄千里　娶陸氏

浙江鄉試第七十六名　會試第二百七十六名

徐成位

貫湖廣承天府沔陽州景陵縣民籍　縣學附學生

治易經字惟得行九年二十五三月初一日生

曾祖讚　祖浩　父麟教諭　母譚氏　繼母王氏

具慶下　兄成名　成能　成脩　成楷　弟成用　成佾　娶汪氏

湖廣鄉試第八十六名　會試第三百四十四名

劉應望 貫福建泉州府永春縣民籍 府學附學生
治詩經字思儼行六年二十八五月十五日生
曾祖勍 祖聰 父鍾 母周氏 繼母蔡氏
永感下 弟應鵬 應時 應元 應朔 應龍 應煥 娶李氏
福建鄉試第二十三名 會試第一百七十三名

萬鍾祿 貫江西撫州府東鄉縣民籍 府學生
治詩經字天錫行一年二十八六月初七日生
曾祖頊 祖鎬 父松 母胡氏
具慶下 弟鍾秀 鍾慶 娶饒氏
江西鄉試第四十二名 會試第二百九十五名

馮子履 貫遼東廣寧左衛軍籍山東臨朐縣人 青州府學生

治詩經字禮甫行三年三十閏七月十八日生

曾祖振 贈南京戶部署郎中事員外郎 祖裕 按察司副使 父惟重 行人司行人 母蔣氏

慈侍下 兄子益 子臨 弟子有 子升 子蒙 子咸 子漸 子豐 子觀 娶龔氏

山東鄉試第六十二名 會試第八十一名

羅良禎 貫四川成都府內江縣民籍 縣學附學生

治書經字應泰行一年三十六四月初六日生

曾祖紳 祖尚禮 父士 母凌氏

永感下 弟良爵 良相 娶王氏 繼娶萬氏

四川鄉試第十七名 會試第三十二名

劉東星　貫山西澤州沁水縣民籍　國子生
治詩經字子明行一年三十一正月二十二日生
曾祖文住　祖得保　父賓稅課大使　母牛氏
具慶下　弟東銘　東啓　娶李氏
山西鄉試第三名　會試第一百七十九名

魏仕賢　貫四川重慶衞官籍　重慶府學附學生
治書經字用可行二年三十八九月二十五日生
曾祖勛　祖武　父昆　母曹氏
具慶下　兄仕隆　弟仕良　仕華　仕美　娶任氏繼娶楊氏
四川鄉試第四十五名　會試第二百二十一名

李鎬 貫直隸真定府真定縣軍籍 國子生
治易經字子京行二年三十四十二月初十日生
曾祖昇 縣主簿 祖天升 父承芳 母張氏
具慶下 兄鑑 娶呂氏
順天府鄉試第三十二名 會試第一百七十二名

楊時寧 貫河南開封府祥符縣民籍江西鄱陽縣人 府學生
治易經字子安行二年三十十二月十二日生
曾祖濬 良醫 祖棨 良醫 父西山 儀賓 母餘姚縣君
具慶下 兄時譽 貢士 弟時馨 時雍 娶高氏 繼娶袁氏
河南鄉試第七十八名 會試第二百二十名

戴燿

貫福建漳州府長泰縣軍籍 縣學生

治書經字德輝行一年二十七八月二十六日生

曾祖昭道 祖子蒙 父朝錦 母林氏 繼母林氏

重慶下 弟炫炳燧美燃煜煒耿瑩熒炱煊炯燮 娶張氏

福建鄉試第六十二名 會試第三百八名

王京

貫江西瑞州府上高縣民籍 縣學生

治詩經字來覲行一年二十六九月十五日生

曾祖奇 祖治 父秉忠 母李氏

重慶下 弟室 郡 邑 畐 都 娶吴氏

江西鄉試第四十九名 會試第二百六十六名

許子良

貫浙江杭州府仁和縣民籍　府學生

治易經字直夫行二年三十四正月初三日生

曾祖茂盛 教諭　祖壽　父賓　母朱氏

具慶下　兄子賢　弟子成　子立　娶王氏

浙江鄉試第八十六名　會試第二百十名

陳大猷

貫廣東廣州府南海縣民籍　縣學附學生

治書經字鳴翊行一年二十九六月二十一日生

曾祖昭 驛丞　祖斅　父彥際 教諭　母梁氏　繼母徐氏

重慶下　弟大表　大其 貢士　大壯　娶龐氏

廣東鄉試第二十四名　會試第三百七十二名

張桐 貫直隸揚州府泰州民籍 州學增廣生

治詩經字美夫行一年三十五九月十一日生

曾祖霆 祖瑋 父鈞 母阮氏

具慶下 弟楹 楠 娶馬氏

應天府鄉試第四十一名 會試第二百七十七名

師道立 貫陝西西安府長安縣民籍山西平陸縣人 國子生

治詩經字惟心行一年三十九五月十三日生

曾祖禮知州 祖臯知府 父表渤縣主 母張氏

永感下 弟道斌 道譽 道尊 道崇 道重 娶徐氏

陝西鄉試第三十七名 會試第三百四十名

鍾遐齡 貫應天府溧陽縣民籍 國子生

治書經字子宜行二年三十十月二十二日生

曾祖達 祖儀 父鏜 母高氏

具慶下 兄道齡 弟遂齡 遠齡 遵齡 娶周氏

應天府鄉試第一百二十七名 會試第二百五名

衛承芳 貫四川夔州府達州民籍 州學增廣生

治詩經字君大行三年二十五九月二十五日生

曾祖賢 祖儒 父友衡 母陳氏

永感下 兄承宣 承勳 弟承肯 娶呂氏

四川鄉試第三十二名 會試第三百二十三名

鄒墀 貫浙江紹興府餘姚縣民籍 縣學附學生

治易經字朝卿行二年三十二十月二十三日生

曾祖冕訓導 祖鵠州同知 父大紀 母吳氏

慈侍下 兄譽 弟坦 坤 娶管氏

浙江鄉試第七十名 會試第二百五十四名

周思敬 貫湖廣黃州府麻城縣軍籍 縣學生

治春秋字子禮行一年三十六十二月二十九日生

曾祖坤 祖文密驛丞 父任 母鄭氏 繼母凌氏

慈侍下 弟思讓 娶王氏 繼娶李氏

湖廣鄉試第六十二名 會試第三百三十九名

李戴 貫河南開封府延津縣民籍 縣學生
治詩經字仁夫行一年三十二四月初二日生
曾祖珩 祖濤監生 父啓東 母高氏 繼母閻氏
慈侍下 弟坤 垣 載 坫 城 均 娶楊氏
河南鄉試第二十七名 會試第一百四十七名

袁魁 貫直隸廣平府成安縣民籍 縣學增廣生
治禮記字子鶚行一年二十七十一月二十一日生
曾祖玘 祖希梧 父輪 母安氏
具慶下 弟魏 瑰 隗 巍 娶劉氏
順天府鄉試第六十九名 會試第三百八十名

黄一龍 貫福建泉州府晉江縣軍籍 國子生
治易經字雲卿行一年三十五九月十八日生
曾祖啓良 祖廣濟 父堯佐 母陳氏
嚴侍下 娶張氏
福建鄉試第三十四名 會試第一百四十八名

穆煒 貫江西南昌府新建縣軍籍 府學附學生
治詩經字德輝行二年三十二七月初四日生
曾祖清 祖怡 父傑 母金氏
永感下 弟炤 娶劉氏
江西鄉試第十二名 會試第一百十七名

陳文衡 貫江西饒州府鄱陽縣民籍 府學附學生

治春秋字惟平行五十二年三十二三月十五日生

曾祖斆先 祖餘慶 父明 前母史氏 母許氏 繼母李氏

具慶下 弟文衍 娶朱氏

江西鄉試第六十三名 會試第五十二名

張鎧 貫江西吉安府永豐縣民籍 縣學生

治詩經字汝揚行三年四十三五月二十一日生

曾祖英策 祖宜衆 父應璧 母陳氏

慈侍下 兄欽 娶曾氏

江西鄉試第七十六名 會試第二百六名

蕭騰鳳

貫福建泉州府晉江縣民籍　國子生

治詩經字明仲行二年三十四月十三日生

曾祖存 應天府教授　祖景腆 典史　父文纘　母許氏

嚴侍下　兄起鳳　弟振鳳揚鳳彬鳳附鳳集鳳儀鳳　娶姚氏

福建鄉試第三十三名　會試第二十九名

陳蕖

貫湖廣德安府應城縣軍籍　縣學生

治書經字伯含行三年三十一九月二十四日生

曾祖大綸　祖輿 知縣　父邦寶 歲貢生　母李氏

具慶下　兄華 南京戶部照磨　芹著鄉　弟菁萇茗　娶劉氏

湖廣鄉試第八十八名　會試第三百二名

楊沂
貫四川順慶府南充縣民籍西充縣人　府學生
治詩經字子與行一年三十三七月初二日生
曾祖縉　祖栱　父應祥貢士　母李氏　繼母何氏
慈侍下　娶任氏
四川鄉試第一名　會試第一百三名

袁弘德
貫直隸廣平府曲周縣民籍　國子生
治詩經字執甫行一年二十九十月初九日生
曾祖震　祖鼎　父冬歲貢生　母李氏
慈侍下　弟弘業　弘謨　娶姚氏
順天府鄉試第一百名　會試第二百二十六名

任惟一

貫陝西西安府盩厔縣民籍 縣學生

治書經字汝賢行一年二十六七月十五日生

曾祖士奇 祖弘道 父重貢士 母孫氏

具慶下 娶葛氏

陝西鄉試第七名 會試第二百五十五名

賈待問

貫直隸廣平府威縣民籍 國子生

治詩經字學叔行五年三十一二月二十九日生

曾祖昇 祖瑄歲貢生 父民 前母張氏王氏 母趙氏

慈侍下 兄待聘待詔待時待仕 弟待禮待舉待價 娶周氏

順天府鄉試第十一名 會試第二百五十名

張元善

貫陝西西安府韓城縣民籍　縣學生

治書經字道一行四年三十四四月初九日生

曾祖允　祖黻　父岳 局大使　母陳氏

永感下　兄元貴 歲貢生　元夏　元喜　弟元賓 貢士　娶徐氏　繼娶孫氏

陝西鄉試第四名　會試第二百二十八名

戴文宗

貫江西撫州府金谿縣匠籍　縣學附學生

治書經字時範行十五年三十八閏六月初二日生

曾祖守恒　祖天福　父景良　嫡母龔氏　生母金氏

具慶下　兄文蔚　文豸　弟文彩　文奎　文盛　娶黃氏　繼娶謝氏

江西鄉試第七十三名　會試第五十五名

習孔教 貫江西吉安府廬陵縣民籍 府學生

治易經字時甫行三年三十三三月初一日生

曾祖璉壽官 祖英俊 父亮 母劉氏

具慶下 兄孔道 弟孔禮 孔學 孔敬 娶杜氏

江西鄉試第一名 會試第九十四名

徐學詩 貫留守中衛官籍直隸靈壁縣人 國子生

治禮記字子言行一年三十三二月二十八日生

曾祖瓚指揮使 祖行指揮使 父繼勳指揮同知 母袁氏封淑人

具慶下 弟學禮貢士 學易 娶李氏 繼娶許氏戈氏

順天府鄉試第九十三名 會試第二百九十九名

左縉
貫四川邛州大邑縣民籍直隸鳳陽縣人 州學生
治易經字士卿行二年四十四正月二十六日生
曾祖元全 教諭 祖贊 教諭 父陳儀 母楊氏 繼母王氏
具慶下 兄練 弟紳 娶王氏 繼娶孫氏 黃氏
四川鄉試第十九名 會試第二百七十五名

唐文燦
貫福建鎮海衛銅山千戶所軍籍 試中書舍人
治詩經字若素行三年三十六六月十九日生
曾祖崇敏 祖孟岳 父岐 前母陳氏 母許氏
永感下 兄文輝 文炳 弟文燁 娶黎氏
福建鄉試第三十七名 會試第一百四十一名

王用汲

貫福建泉州府晉江縣軍籍 府學附學生

治禮記字明受行三年三十五三月十五日生

曾祖晉和 祖治 父孫 母施氏

永感下 兄用榮 用華 弟用脩 琚 珊 娶許氏

福建鄉試第三十五名 會試第廿一名

周易

貫山東東昌府臨清州民籍 國子生

治詩經字尚占行一年四十五九月二十九日生

曾祖文 知縣 祖東 壽官 父治 監生 母鄭氏

慈侍下 弟書 禮 詩 樂 娶張氏

山東鄉試第三十四名 會試第二百三十六名

徐秋鶚　貫廣西柳州衛官籍直隸青陽縣人　馬平縣學生

治易經字光祖行三年二十八三月二十九日生

曾祖亨知縣贈通議大夫戶部左侍郎　祖鍾淮府同知封通議大夫戶部右侍郎　父養正南京工部尚書　母李氏封淑人　繼母沈氏封淑人

重慶下　兄一鶚貢士　橫鶚百戶　娶劉氏

廣西鄉試第八名　會試第二百四十七名

程拱宸　貫福建興化府莆田縣軍籍　府學生

治詩經字仲星行二年三十三十二月初一日生

曾祖敬止　祖德潤　父浡然　母魯氏

永感下　弟拱極　娶黃氏

福建鄉試第五十名　會試第五十一名

蔡應科

貫福建漳州府龍溪縣民籍　縣學附學生

治春秋字思盛行十年二十三十月初九日生

曾祖緒　祖遷　父結　母丘氏　繼母方氏

具慶下　兄應孫知縣　應選　應昌　思尹　應昇　應元　娶林氏

福建鄉試第十八名　會試第三百二十五名

李壽

貫廣東惠州府河源縣民籍　縣學生

治詩經字若臨行六年二十五十月二十三日生

曾祖必榮　祖珖　父學顏歲貢生　母馬氏

具慶下　兄勳、烈、遠貢士、照、杰、燕　弟熟、樵、然、庶、熊、點、燕、廡、鸞、皇、莊、鳳、傑　娶陳氏

廣東鄉試第三十七名　會試第七十六名

徐大任 貫直隸寧國府宣城縣民籍 縣學生

治詩經字重夫行六年三十三八月十二日生

曾祖廷雄 壽官 祖紹貞 父沛 母王氏

具慶下 兄大猷 大路監生 弟大化 大聘 大望 大復 大年 大烈 娶茆氏

應天府鄉試第八十六名 會試第三百五十四名

蔣希孔 貫山東兗州府滋陽縣民籍 縣學生

治詩經字以中行一年三十三六月二十二日生

曾祖璉 祖世英 王府引禮官 父學 儀賓 前母滕縣縣君 母王氏

嚴侍下 弟希顏 希程 希周 娶宋氏

山東鄉試第六十七名 會試第二百五十九名

劉魯 貫河南彰德府安陽縣匠籍 縣學生
治書經字希曾行二年三十三十月二十七日生
曾祖釗 祖泰 父仲 母張氏 繼母王氏 崔氏
具慶下 兄愚 娶楊氏 繼娶李氏 朱氏
河南鄉試第八名 會試第三百三十五名

景嵩 貫萬全都司宣府前衛左所官籍 都司學生
治詩經字惟中行一年三十五三月二十四日生
曾祖芳副千戶 祖昂 父春 母姚氏 繼母陳氏
慈侍下 弟岩 崑 娶李氏 繼娶郗氏
順天府鄉試第一百二十九名 會試第三百六十一名

董邦禮　貫四川瀘州合江縣民籍　縣學生
治書經字希伯行三年三十六正月二十三日生
曽祖榮 貢士　祖士元　父瑤 教諭　母趙氏
具慶下　兄邦治 邦教　弟邦政 邦楪 邦士 邦令 邦樂 邦采　娶張氏　繼娶常氏
四川鄉試第二十五名　會試第三百七十五名

王來召　貫直隸廣平府成安縣民籍　縣學增廣生
治禮記字汝行行三年二十八正月初三日生
曽祖才　祖晟　父俊民　前母宋氏　母田氏
永感下　兄來聘　來檄　弟來聞　娶武氏
順天府鄉試第四名　會試第一百六十九名

王埏

貫河南開封府太康縣民籍　縣學生

治易經字曰衡行二年三十四五月初三日生

曾祖濡訓科　祖節知縣　父杰縣主簿　嫡母蔡氏　繼母李氏　生母龔氏

慈侍下　兄埏　娶李氏

河南鄉試第七十二名　會試第二百八十一名

劉竟成

貫河南汝寧府確山縣民籍　國子生

治易經字志卿行四年三十二二月二十一日生

曾祖鑑　祖俸　父約　母陳氏

具慶下　弟自成　化成　觀成　嘉成　娶韓氏

河南鄉試第七十四名　會試第三百七十四名

鮑希顏 貫山西潞安府長子縣民籍 國子生

治書經字聞道行一年三十一十月二十日生

曾祖璟 祖全 父卿 母李氏 繼母秦氏

重慶下 弟希思 希孟 娶王氏 繼娶李氏

山西鄉試第三十一名 會試第六十二名

謝萬壽 貫直隸順德府任縣民籍 國子生

治詩經字應祝行三年三十一五月十八日生

曾祖天祿 祖朝用判官 父沂 母趙氏

慈侍下 兄萬鍾太醫院吏目 萬寶 弟萬慶 萬言 萬紀 娶李氏

順天府鄉試第二十二名 會試第三百三名

熊瑞

貫江西南昌府南昌縣民籍 國子生

治易經字憲祥行一年四十四九月二十三日生

曾祖萬積 祖尚和 父郭 母金氏

具慶下 兄璦（監生） 琦（布政司左參政） 珖（府照磨） 琱（通判） 弟珍（貢士） 琸 玟 瑣 娶徐氏

江西鄉試第四十五名 會試第三百七十一名

劉洓

貫江西南昌府南昌縣民籍 縣學增廣生

治易經字宗說行一年三十八八月初二日生

曾祖玉章 祖大源 父萬標 母熊氏 繼母王氏

慈侍下 兄浩 澣 湋 娶周氏

江西鄉試第五十六名 會試第一百八十二名

劉翾

貫四川成都府內江縣民籍 國子生

治春秋字于翰行二年三十三三月初一日生

曾祖時和 祖綵(教授贈布政司參議) 父望之(大理寺卿進階中奉大夫) 前母曹氏(贈恭人) 母張氏(封恭人贈淑人)

嚴侍下 兄三正(按察司僉事) 涵(通判) 潭 克讓 翔(監察御史) 弟翮 翊 翿 栩 詡 翧 翻 娶周氏

四川鄉試第二名 會試第二百三十九名

馬伋

貫湖廣荊州府江陵縣民籍 國子生

治易經字汝賢行四年二十八十二月二十日生

曾祖成 祖必榮 父景懷 母李氏

慈侍下 兄像 傳 儀 娶師氏

湖廣鄉試第七名 會試第一百二十三名

楊歸儒　貫河南河南府嵩縣民籍洛陽縣人　嵩縣學生
治易經字季中行三年三十五三月二十七日生
曾祖瑄義官　祖徽貢士　父應科　母鄧氏　繼母張氏
永感下　兄華　蓁　娶曹氏　繼娶王氏
河南鄉試第八名　會試第三百八十三名

尚芾　貫河南汝寧府信陽州羅山縣民籍　縣學增廣生
治春秋字章甫行二年二十三八月十二日生
曾祖培之　祖化贈監察御史　父維持按察司提學副使　前母潘氏贈孺人　母王氏封孺人
具慶下　兄薦　弟茼　萸　娶戚氏
河南鄉試第四名　會試第一百五十四名

王之臣

貫直隸徽州府休寧縣民籍　府學附學生

治詩經字藎夫行四年三十一十一月二十五日生

曾祖義　祖杭　父鼎　嫡母吳氏　生母汪氏

慈侍下　兄鑛　銘　之選　弟之彥　娶程氏

應天府鄉試第六十七名　會試第二百九名

熊鎡

貫河南汝寧府光州民籍　州學生

治詩經字仲時行一年三十五七月十九日生

曾祖翀　資政大夫正治上卿南京戶部尚書　祖儒　父振芳　母盧氏

嚴侍下　弟錄　鎧　娶周氏　繼娶曹氏

河南鄉試第三十三名　會試第三百七十九名

湯聘尹

貫直隸蘇州府嘉定縣匠籍長洲縣人 府學生
治春秋字元衡行五年三十四三月十九日生
曾祖鑑 祖珍奉祀正 父修歲貢生 母沈氏
具慶下 兄日章 日新 圻 弟學尹 師尹 任尹 娶蔣氏繼娶蔣氏龔氏
應天府鄉試第五名 會試第二百五十三名

謝良琦

貫直隸常州府武進縣民籍 國子生
治詩經字景韓行三年三十七十二月十七日生
曾祖岍 祖天相 父元寶 母巢氏
慈侍下 兄良衷 弟良伯 良衮 良扆 良琬 良夢 娶賀氏
應天府鄉試第九十五名 會試第二百三十八名

張東暘

貫江西瑞州府高安縣民籍　府學增廣生

治詩經字維寅行一年三十五十一月二十八日生

曾祖寬　祖鎮　父雲　母鄒氏

重慶下　弟明暘　鳳暘　元暘　洪暘　娶何氏

江西鄉試第八十七名　會試第一百六十三名

翁金堂

貫浙江杭州府錢塘縣民籍臨安縣人　錢塘縣學附學生

治詩經字升伯行一年二十七十一月初四日生

曾祖潛　祖杞王府典膳　父燧　母金氏

重慶下　兄臺　陞　奎　弟金陵　壕　金堦　娶梁氏

浙江鄉試第七十一名　會試第四十五名

鄭國仕　貫直隷大名府魏縣軍籍　縣學生
治詩經字𢑴行一年四十十一月二十六日生
曾祖用聽選官　祖鄉　父汝楫壽官　母王氏
具慶下　弟國華　娶武氏
順天府鄉試第四十五名　會試第二百六十二名

呂宗儒　貫四川成都府資陽縣民籍　縣學生
治詩經字汝爲行一年二十九四月十八日生
曾祖孟陽　祖明亮　父鸞壽官　母何氏
具慶下　弟學儒　鴻儒　娶楊氏
四川鄉試第四十八名　會試第三百八十六名

黃金色

貫浙江杭州府錢塘縣民籍直隸休寧縣人　府學增廣生

治易經字鍊之行二年三十三九月三十日生

曾祖復祥　祖禮　父賜璋　壽官　母符氏

具慶下　兄尚色　弟中色　正色　娶王氏

浙江鄉試第三十五名　會試第二百二名

詹世用

貫江西廣信府弋陽縣民籍　縣學生

治易經字汝賓行八年三十八正月二十九日生

曾祖印　祖瓏　父晏　母畢氏

永感下　娶毛氏

江西鄉試第十一名　會試第一百三十三名

白希衎　貫山西太原府永寧州寧鄉縣民籍　縣學附學生
治禮記字汝佩行四年三十十一月二十五日生
曾祖春　祖旻　父宗商監生　前母楊氏　母張氏
慈侍下　兄希璨　希瑋　希覽　娶陳氏
山西鄉試第二十名　會試第一百五十二名

徐汝陽　貫江西撫州府臨川縣民籍　府學生
治詩經字時泰行五年三十九月初九日生
曾祖源福　祖巒　父宏知縣　母余氏
具慶下　兄汝霖汝爵　弟汝際汝隣汝陟汝阯汝階汝隆　娶劉氏
江西鄉試第四十二名　會試第一百九十四名

袁桂蓁

貫河南河南府洛陽縣民籍　府學附學生

治易經字子美行二年三十十月十九日生

曾祖能 壽官　祖瑄　父本濟　母魏氏

具慶下　兄桂芳　弟桂藩　娶葉氏

河南鄉試第三十三名　會試第三百五十八名

秦舜翰

貫福建泉州府晉江縣官籍　縣學附學生

治易經字國宗行二年三十十二月初五日生

曾祖熙　祖煒　父廷惟　前母蔡氏　母楊氏

永感下　兄舜岳副千户 舜牧 舜藩　弟舜言 舜望 舜宣　娶曾氏　繼娶莊氏

福建鄉試第二十七名　會試第二百十六名

黃應坤 貫直隸徽州府歙縣匠籍 府學生

治詩經字惟簡行二年三十七八月十六日生

曾祖明 祖志禮 贈監察御史 父鏜 南京刑部郎中 母方氏 封孺人

慈侍下 兄應乾 弟應震 娶吳氏

應天府鄉試第九十九名 會試第一百五十名

曹大埜 貫四川重慶府巴縣民籍 縣學生

治易經字仲平行二年三十四五月初一日生

曾祖文德 贈刑部主事 祖敕 刑部員外郎 父汴 布政司左參政 嫡母鄧氏 封安人 生母段氏

具慶下 兄大倫 大田 大川 刑部郎中 娶馮氏

四川鄉試第六十二名 會試第十四名

張明化 貫直隸松江府華亭縣民籍 國子生
治書經字成甫行二年三十三七月初七日生
曾祖瓛 祖宗義 父士毅 贈南京禮部主事 母陸氏 封太安人
慈侍下 兄明正 南京禮部主事 明德 明治 弟明善 明道 明敎 娶葉氏
應天府鄉試第七十六名 會試第三百十八名

傅元順 貫江西撫州府臨川縣民籍 府學生
治易經字伯達行二年三十五十一月二十一日生
曾祖英 祖序 父默 教授 母黃氏
重慶下 兄元和 貢士 弟元愷 元悌 元明 元良 娶周氏
江西鄉試第三十一名 會試第二百九十四名

蔡璧 貫錦衣衛官籍浙江錢塘縣人 國子生

治詩經字伯宿行一年三十六十月十三日生

曾祖讚遇例冠帶 祖杰 父文德 母孫氏

永感下 弟墀 增 均 娶梁氏

順天府鄉試第一百十六名 會試第三百七十名

劉紹恤 貫湖廣德安府安陸縣民籍 縣學生

治詩經字汝欽行十三年三十五十二月十三日生

曾祖澄 祖友諒 父鵬 前母葉氏 母冉氏

慈侍下 弟繼恤 娶陳氏

湖廣鄉試第九名 會試第八十三名

蔡貴易 貫福建泉州府同安縣軍籍 縣學附學生
治易經字爾通行五年三十一正月十五日生
曾祖文周 祖宜勳壽官 父宗德通判 母洪氏
慈侍下兄濱知府希尹貴成貴守弟貴邁貴和娶葉氏繼娶黃氏
福建鄉試第八十一名 會試第三百三十四名

叢文蔚 貫南京錦衣衛軍籍山東文登縣人 國子生
治易經字豹卿行二年三十七十月初二日生
曾祖廣 祖仁 父茂林 母路氏 繼母倪氏
具慶下兄文炳弟文光文熒文輝文燁文煒文耀文燦文同文燧娶王氏繼娶范氏
應天府鄉試第四十名 會試第一百二名

余乾貞

貫浙江嚴州府遂安縣民籍 縣學生

治易經字秉智行四年三十六三月二十四日生

曾祖文廣 祖鏡 父仕洪 母江氏 繼母王氏

慈侍下 兄乾元歲貢生 乾亨知縣 乾利 娶鄭氏

浙江鄉試第五十七名 會試第二百七名

李梧

貫四川瀘州民籍納谿縣人 縣學生

治書經字士仕行二年二十八五月二十四日生

曾祖景祿 祖性 父喬遷 母仇氏

具慶下 兄椽 弟極 聘吳氏 娶張氏

四川鄉試第四十九名 會試第一百二十三名

朱南雍

貫浙江紹興府山陰縣軍籍　府學生

治詩經字子肅行四年三十九十一月二十九日生

曾祖鑾　祖尚文　父東陽　母劉氏

具慶下　弟南英貢士　南金　南鵬　南箕　娶徐氏

浙江鄉試第十七名　會試第二百八十名

党馨

貫山東青州府益都縣軍籍　縣學生

治易經字季芳行一年三十五九月十九日生

曾祖慶　祖達　父玹　嫡母蘇氏　生母李氏

具慶下　娶宋氏

山東鄉試第十名　會試第九十二名

張淳　貫直隸安慶府桐城縣匠籍　縣學生
治詩經字希古行一年二十九四月十九日生
曾祖鐸　祖鵬　父木　母余氏
重慶下　弟漸　娶尹氏
應天府鄉試第一百十七名　會試第三百二十名

司汝霖　貫湖廣荊州右衛軍籍　荊州府學增廣生
治易經字澤民行二年二十二十月二十三日生
曾祖仲才　祖洪　父鏜壽官　母羅氏
具慶下　兄汝成　娶田氏
湖廣鄉試第二十一名　會試第三百六十九名

許洛

貫江西建昌府南城縣民籍　府學生

治詩經字希程行六年四十八十二月二十八日生

曾祖大倫　祖汝敬　父瓊衛經歷　母王氏

永感下　兄源　瀟　弟渙貢士　清　漸　浩　治　娶范氏

江西鄉試第六十三名　會試第九十一名

張書

貫錦衣衛力士籍湖廣蒲圻縣人　順天府學生

治禮記字子中行一年二十九正月初二日生

曾祖朝祖　祖彥夫　父廷策四川制撰　母朱氏　繼母李氏李氏

具慶下　弟禮　森　史　娶王氏

順天府鄉試第四十八名　會試第二百十八名

詹貞吉

貫四川重慶府巴縣民籍　府學附學生

治易經字惟一行一年二十四十月二十四日生

曾祖介　祖寵　父朝用　母李氏

重慶下　弟顒吉　恒吉　謙吉　娶劉氏

四川鄉試第三十九名　會試第八十七名

文作

貫四川重慶府涪州民籍　州學增廣生

治易經字述甫行五年二十九正月初三日生

曾祖瑄　祖經　父羽治　嫡母熊氏　生母朱氏

永感下　兄佖　僩　傲　儼　娶陳氏

四川鄉試第四十四名　會試第一百九十五名

程沂　貫湖廣武昌府咸寧縣民籍　縣學生
治書經字伯源行三年四十三正月十九日生
曾祖實　祖景聰　父文熙壽官　母朱氏
具慶下　兄濂　弟淑　洋　娶吳氏
湖廣鄉試第一名　會試第一百三十一名

孫錝　貫錦衣衛官籍浙江餘姚縣人　順天府學生
治易經字文秉行三十年三十十二月二十九日生
曾祖新贈禮部尚書　祖燧巡撫江西右副都御史贈禮部尚書進階資政大夫謚忠烈　父陞南京禮部尚書贈太子少保進階資政大夫謚文恪　前母韓氏贈夫人　母楊氏封太夫人
慈侍下　兄鏌光祿寺署丞　鈳　鎡府同知　鈺都督僉事管錦衣衛事　鏊上林苑監監丞　鑨南京戶部郎中　鋌左春坊左諭德兼翰林院侍讀　弟鑛官生　[illegible]　娶陳氏
順天府鄉試第一百六名　會試第三百九名

郭四維

貫山東東昌府夏津縣民籍　縣學生

治易經字汝張行一年三十六九月二十二日生

曾祖好英　祖孚興　父禹　嫡母劉氏　生母殷氏

慈侍下　娶許氏

山東鄉試第三十四名　會試第三百十九名

郭堵

貫山東兗州府曹州校尉籍　國子生

治詩經字季孝行五年三十九月二十四日生

曾祖慶　祖紳　父文卿　母程氏

具慶下　兄城　垣　域　娶劉氏

山東鄉試第七十三名　會試第五十三名

孫從龍

貫直隸蘇州府吳江縣民籍浙江平湖縣人吳江縣學附學生

治易經字化光行一年三十二十二月十七日生

曾祖琰　祖模　父霆　母皇甫氏　繼母胡氏

慈侍下　弟從周　從道　娶潘氏

應天府鄉試第一百十八名　會試第八十二名

張仲懽

貫四川重慶府合州民籍　州學生

治詩經字友卿行一年三十六十二月二十四日生

曾祖洪　祖臯羽　訓導　父育　母趙氏

慈侍下　娶費氏　繼娶馬氏

四川鄉試第十三名　會試第七十一名

楊言

貫雲南大理府太和縣民籍　縣學生

治春秋字行可行二年二十八四月初七日生

曾祖清　壽官

祖茂　壽官

父時新　知縣

母李氏

具慶下

兄京　貢士

娶董氏

雲南鄉試第二十三名

會試第三百九十三名

石櫝

貫河南[illegible]所軍籍直隸鳳陽府人　滎陽縣學增廣生

治詩經字伯材行二年三十四七月二十五日生

曾祖珎　壽官

祖昺

父源

母藺氏

永感下

兄楠　貢士

弟樾　棟

娶趙氏

河南鄉試第十八名

會試第三百五十七名

解學禮 貫山西平陽府解州安邑縣軍籍 河東運司學增廣生

治詩經字仲立行二年三十七月二十二日生

曾祖紳 訓導 祖世忠 訓導 父一元 母薛氏 繼母張氏

具慶下 兄學詩 弟學易 學孔 學孟 娶胡氏

山西鄉試第三十二名 會試第四百名

汪在前 貫直隸徽州府歙縣民籍 縣學生

治書經字立伯行七年三十六十二月二十二日生

曾祖榮富 祖景滋 壽官舍人 父炎 縣丞 母王氏

具慶下 兄在庭 在川 在留 在明 在寅 在康 弟在義 在高 在德 在業 在儀 在易 在豐 在衡 娶吳氏

應天府鄉試第一百十五名 會試第七十二名

梁承學 貫山東東昌府聊城縣軍籍 縣學附學生

治易經字師頫行六年三十七三月十三日生

曾祖能(驛丞) 祖璽(南京戶部主事) 父相(知縣) 前母李氏 母王氏

永感下 兄承祖 承宗 娶方氏

山東鄉試第五十三名 會試第二百六十五名

范謙 貫江西南昌府豐城縣軍籍 縣學生

治詩經字汝益行九年三十五正月初九日生

曾祖玉信 祖楚益(封刑部員外郎) 父慶(按察司副使) 前母涂氏(贈宜人) 母蔣氏(封宜人)

永感下 弟詢 謹 講 娶楊氏

江西鄉試第七十九名 會試第二十二名

于有年 貫山東東昌府臨清州軍籍 國子生

治詩經字時泰行一年三十四十月二十日生

曾祖常 祖通 父曾壽官 前母潘氏 母杜氏

具慶下 娶王氏 繼娶李氏

山東鄉試第三十七名 會試第三百二十六名

胡格誠 貫河南歸德府永城縣民籍 國子生

治易經字中孚行一年三十七八月初十日生

曾祖憲 祖珂 父金儀賓 母嘉魚縣主

重慶下 弟格正 格花 格惪 格治 格厚 娶尹氏

河南鄉試第四十名 會試第一百六十六名

王喬桂　貫湖廣荊州府石首縣民籍　縣學生

治書經字引贍行十一年三十五八月二十二日生

曾祖鉉教授　祖璞封刑科給事中　父綎户科都給事中　母蕭氏封孺

永感下　兄喬仙歲貢生　喬衡貢士　喬華通判　喬崑署丞　喬岡監生　喬奐貢士　弟喬岷　喬島　娶張氏

湖廣鄉試第六十一名　會試第八十五名

孫化龍　貫直隸真定府獲鹿縣民籍　縣學生

治易經字時際行四年二十七正月十六日生

曾祖璨府照磨　祖謙王府典膳　父光祖教授　母趙氏

具慶下　兄應龍　從龍　攀龍　弟元龍　娶崔氏

順天府鄉試第一百十三名　會試第三百二十九名

李一中

貫直隸池州府建德縣匠籍　縣學增廣生

治詩經字時御行四年三十四八月二十六日生

曾祖源　祖祐贈通議大夫通政使司通政使　父希周知縣累封通議大夫通政使司通政使　母柯氏累贈淑人

嚴侍下　兄一元通政使司通政使　一夔　一貫　弟一新　一策　娶胡氏

應天府鄉試第五十名　會試第一百九十六名

邵城

貫浙江寧波府鄞縣匠籍　國子生

治易經字惟衛行五年三十二九月初五日生

曾祖穆　祖乘　父炳　母袁氏

具慶下　兄時典寶　堂　堦　堯　坤　弟培　堉　坊　墀　陞　塡　娶陳氏

浙江鄉試第二十名　會試第一百五十六名

李春光 貫山西平陽府解州民籍　州學附學生

治書經字輝甫行三年二十七十二月初十日生

曾祖慶　祖壽　父憲　母王氏

慈侍下　兄璒進士　瑱同科進士　弟春澤　娶丘氏

山西鄉試第三十九名　會試第三百二十八名

王詔 貫直隷保定府博野縣民籍　縣學生

治書經字承恩行二年四十一九月初九日生

曾祖彥實　祖智　父崇德　母李氏

具慶下　兄來聘　弟來徵　來問　娶趙氏　繼娶門氏

順天府鄉試第一百二十二名　會試第六十九名

王一鳳　貫直隸大名府開州民籍　州學附學生

治書經字鳴文行一年二十七正月三十日生

曾祖恭　祖獬　父繼仁　前母杜氏　母武氏

具慶下　弟一鴻　娶范氏

順天府鄉試第八十三名　會試第一百六十名

顏容舒　貫福建泉州府晉江縣軍籍　府學附學生

治易經字日莊行二年三十六正月二十五日生

曾祖貴　祖鼎　父湍　母蔡氏

具慶下兄宗孔弟竟宇容敬容肅容敦容輯容恭娶許氏繼娶龔氏

福建鄉試第五十九名　會試第七十九名

王宣化　貫山東濟南府淄川縣民籍　縣學生

治詩經字用賢行二年三十四九月初十日生

曾祖悅　祖賓　父士遠　母畢氏

具慶下　兄推化　弟孚化　如化　觀化　贊化　運化　雨化　永化　德化　娶蘇氏

山東鄉試第七十五名　會試第一百八十九名

劉朴　貫山西平陽府曲沃縣軍籍　縣學生

治書經字華甫行一年三十四三月二十四日生

曾祖鎰　祖璉遇例冠帶　父淮　母常氏

具慶下　弟格　柄　松　栢　枰　森　娶王氏　繼娶衛氏

山西鄉試第六十二名　會試第三百八十四名

鄒學柱

貫浙江紹興府餘姚縣民籍　縣學附學生

治詩經字國材行四年二十二月初九日生

曾祖瑞　祖彥　父名　母丁氏

重慶下　兄文標　娶陳氏

浙江鄉試第八名　會試第一百二十四名

朱東光

貫福建建寧府浦城縣民籍江西臨川縣人建寧府學生

治詩經字元曦行七年三十十月二十八日生

曾祖相　祖炆　父埴　母饒氏

具慶下　兄東隆　東成　弟東陽　東序　東藩　[illegible]　東魯　東錄　娶陳氏

福建鄉試第三十五名　會試第二百三十二名

謝良弼 貫直隸泗州衛官籍永年縣人 泗州學生
治詩經字夢之行四年四十九月十七日生
曾祖顯 祖斌 父爵 母楊氏
永感下 兄鍾 歲貢生 鐸 鏊 弟鑾 娶張氏 繼娶李氏
應天府鄉試第八十七名 會試第六十六名

李學一 貫廣東惠州府歸善縣民籍 縣學增廣生
治詩經字萬卿行一年三十四三月十二日生
曾祖伯嵩 [illegible] 祖信 布政司左理問 父鵬舉 長史 母鄧氏
具慶下 弟學聖 學謨 學孔 學倫 學博 學顏 學曾 學孟 娶陳氏
廣東鄉試第一名 會試第二百八十六名

許承周 貫直隸蘇州府崑山縣民籍 縣學生
治易經字公瑜行一年二十九正月初九日生
曾祖昶 祖鵬 父道東 母張氏
慈侍下 兄承宗 涵 弟承唐 承嗣 汶 承喆 娶郭氏
應天府鄉試第二十六名 會試第二十七名

劉應雷 貫江西吉安府萬安縣民籍 縣學附學生
治禮記字汝豫行七年二十四八月二十九日生
曾祖咸介 祖春卿 父宗的 母郭氏
具慶下 娶郭氏
江西鄉試第七十六名 會試第二百五十一名

帥機 貫江西撫州府臨川縣民籍 府學附學生
治詩經字惟審行四年三十二四月三十日生
曾祖璉 祖滌 父時中 母丁氏 繼母何氏
慈侍下 兄樞 弟相 梃 櫞 娶丁氏
江西鄉試第五十名 會試第三百六十八名

宋伯華 貫山東青州府益都縣軍籍 國子生
治春秋字汝含行一年三十一三月初十日生
曾祖瑜 祖臣縣主簿 父延年南京禮部司務 母陳氏
慈侍下 弟伯熙 伯度 伯巽 伯揚 娶鍾氏
山東鄉試第十八名 會試第一百十二名

閻邦寍　貫河南開封府原武縣軍籍　縣學生

治詩經字仲謐行一年三十七二月初十日生

曾祖銀　祖美　父好學　前母徐氏母桑氏

慈侍下　娶銀氏

河南鄉試第一名　會試第九十三名

劉啓元　貫山東東昌府武城縣軍籍　國子生

治書經字乾初行一年四十二十二月初四日生

曾祖紹宗知縣　祖瑞　父希尹歲貢生　母商氏

慈侍下　弟啓亨　東賓　娶盧氏繼娶尹氏

山東鄉試第二十七名　會試第二百八十二名

田樂　貫直隸河間府任丘縣民籍　縣學生
治書經字希智行二年二十八十一月初二日生
曾祖玉　祖慶　父崖　母夏氏
慈侍下　兄縩　弟棐　娶曹氏
順天府鄉試第六十五名　會試第三百八十七名

黃卷　貫廣東廣州府新會縣民籍順德縣人　府學附學生
治書經字翰伯行一年三十十二月二十六日生
曾祖二祖　祖辛成　父浩然　母周氏
慈侍下　弟起　娶楊氏
廣東鄉試第五十三名　會試第二百七十三名

史朝鉉 貫福建泉州府晉江縣匠籍 府學增廣生

治易經字貫之行二年二十九八月初十日生

曾祖亨 祖時用 父宏詢知州 母黃氏

具慶下兄朝賓應天府丞 朝宣知府 朝富知府 朝寀戶部主事 朝鏦貢士 弟朝式 朝鑄 娶何氏

福建鄉試第三十名 會試第二百三十七名

趙欽湯 貫山西平陽府解州民籍 河東運司學生

治春秋字子質行四年二十九正月初十日生

曾祖志亨 祖景德 父良臣 母王氏

具慶下 兄欽堯 欽舜 欽禹 弟欽周 娶陳氏

山西鄉試第九名 會試第三百八十二名

陳九疇 貫江西南昌府奉新縣匠籍 縣學生

治詩經字惟敘行四年三十八十一月初一日生

曾祖萬源 祖守倫 父大道 母黃氏

具慶下 弟九功 九章 九德 娶解氏

江西鄉試第六十四名 會試第一百名

歐陽栢 貫湖廣承天府潛江縣民籍 縣學增廣生

治書經字惟承行九年三十二十月初二日生

曾祖俊 祖淑謙 父綸 前母張氏母陳氏繼母侯氏

永感下 兄彬 模 橙 棋 柟 棟 棨 弟析 渠 楷 擻 相 娶劉氏

湖廣鄉試第十一名 會試第一百九十九名

蔣科 貫直隸揚州府泰州民籍 州學生

治詩經字士登行一年三十六十一月二十五日生

曾祖奎 祖信 父行壽官 母張氏

具慶下 娶丁氏

應天府鄉試第六十七名 會試第三十九名

李尚賔 貫直隸順德府廣宗縣民籍山西夏縣人 國子生

治易經字允興行二年三十三正月二十六日生

曾祖達 祖文學 父朝陽驛丞 母董氏

具慶下 兄尚謙 弟尚賢 娶張氏

順天府鄉試第五十七名 會試第二百四十二名

姚孟賢　貫浙江寧波府慈谿縣軍籍　縣學附學生
治詩經字汝德行八十一年三十一十月二十四日生
曾祖鈺　祖瀾巡檢　父櫸　母成氏
重慶下　兄孟啓　弟孟倫、孟賓、孟貴、孟贊、孟賞、孟資　娶孔氏
浙江鄉試第六十九名　會試第一百六十八名

蔣桐　貫錦衣衛旗籍浙江諸暨縣人　順天府學生
治書經字子培行二年三十六十一月初二日生
曾祖福海　祖瑛　父佐　母劉氏
慈侍下　兄樞　楝　樑　樫　弟栻　格　娶呂氏
順天府鄉試第一百十八名　會試第三百七十八名

李國觀 貫湖廣襄陽府襄陽縣民籍 縣學增廣生
治詩經字次賓行三年三十七九月二十七日生
曾祖宣 祖泰教諭 父應奎府同知 母崔氏
慈侍下 兄國卿序班 國瑞 弟國器 娶徐氏 繼娶米氏
湖廣鄉試第七十名 會試第一百六十一名
胡用賓 貫直隸徽州府婺源縣民籍 國子生
治易經字晉卿行六十年三十九九月初三日生
曾祖盈春 祖濟民 父鼎高壽官 母韓氏
嚴侍下 弟國賓 娶璩氏
應天府鄉試第七十七名 會試第一百六十二名

張脩吉 貫山東青州府高苑縣軍籍 縣學生

治詩經字慎之行一年二十八十二月初三日生

曾祖勲 祖大敘 父鯤 母傅氏

重慶下 弟元吉 協吉 體吉 迪吉 逢吉 娶王氏

山東鄉試第二十二名 會試第三百三十六名

王琢玉 貫山東東昌府莘縣軍籍 國子生

治禮記字文珍行一年二十七七月二十四日生

曾祖勤 祖實 父國定 母李氏

具慶下 弟琉玉 執玉 瓔玉 娶李氏

山東鄉試第七十五名 會試第一百一名

王恩民 貫雲南臨安衛官籍直隸合肥縣人 國子生
治詩經字仁溥行五年二十九十月初八日生
曾祖鑰 祖纓 父世學 母阮氏
具慶下 兄安民指揮使 俊民 養民 治民 弟愛民 正民 濟民 娶周氏
雲南鄉試第二十一名 會試第六十八名

周一經 貫江西廣信府貴溪縣民籍 縣學生
治易經字子明行三三十八年四十一十月初六日生
曾祖和璧 祖川 父法 母張氏
慈侍下 第一元 娶吳氏
江西鄉試第四十名 會試第三百四十一名

陸從平 貫直隸松江府華亭縣民籍 縣學附學生

治詩經字顧素行四年二十八五月十二日生

曾祖順 祖麒贈推官 父應寅推官 前母黃氏贈安人 母許氏封安人

永感下 兄從遠思例訓導 從大禮部主事 從高 娶章氏

應天府鄉試第四十三名 會試第一百三十九名

王惟幾 貫順天府霸州文安縣民籍 國子生

治詩經字子研行二年三十八八月初九日生

曾祖翔聽選官 祖深封工部主事 父佩知府 母陳氏封安人

永感下 兄惟垣 惟時監生 弟惟誠 惟邦 惟祇貢士 惟玄 惟翰 娶楊氏

順天府鄉試第十三名 會試第一百五十三名

高一登 貫山東東昌府清平縣民籍應天府句容縣人 國子生
治書經字汝薦行一年三十五閏二月初一日生
曾祖禮 祖美 父偉 前母王氏 母丁氏
慈侍下 娶葉氏
山東鄉試第五十三名 會試第二百八十九名

詹洪基 貫福建福州府閩清縣民籍 縣學生
治詩經字子震行四年三十四十月十七日生
曾祖傑 祖明德 父文瑞監生 母黃氏
慈侍下 兄洪麟 弟洪第洪紹洪經洪讀洪休洪桐洪鍾洪業洪聲洪祭洪順 娶林氏
福建鄉試第七十七名 會試第五十八名

劉維嵩 貫廣東廣州府增城縣民籍 縣學生

治易經字鎮中行一年三十五十月二十九日生

曾祖玉 祖世熙 父沛 母吳氏 繼母楊氏鍾氏

慈侍下 弟維崑 維岕 娶羅氏

廣東鄉試第三十五名 會試第六十四名

房如式 貫山東青州府益都縣匠籍 國子生

治詩經字憲甫行一年四十一正月二十九日生

曾祖玘 祖昇 父良 母徐氏

具慶下 弟如矩 如度 娶信氏

山東鄉試第四十六名 會試第二百四十六名

余之禎 貫四川成都府內江縣民籍 縣學附學生

治書經字善先行一年二十三三月十九日生

曾祖萬相 祖祿 父汝諫 母蕭氏

重慶下 娶陶氏

四川鄉試第四十四名 會試第三百五十九名

沈應文 貫浙江紹興府餘姚縣民籍 縣學附學生

治易經字徵甫行二年二十六十二月十九日生

曾祖德弘 祖堯孚縣丞 父譜 母吳氏

具慶下 兄應欽 弟應麟 應暘 娶俞氏

浙江鄉試第七十五名 會試第一百五十九名

王藻　貫直隸真定衛軍籍山西清源縣人　真定縣學生
治易經字國華行二年二十五九月初五日生
曾祖連　祖佑封知府　父撫民按察司副使　母任氏封恭人
重慶下　兄蔚　弟文薦　娶陳氏
順天府鄉試第七十八名　會試第三百六十五名

郭莊　貫陝西鞏昌府徽州軍籍　國子生
治春秋字子莊行一年三十三八月二十一日生
曾祖璣贈戶部員外郎　祖從道按察司僉事　父維垣　母劉氏　繼母楊氏
重慶下　娶石氏　繼娶任氏
陝西鄉試第三名　會試第三百五十三名

陸志孝　貫浙江嘉興府平湖縣匠籍　國子生

治易經字仁卿行三年二十九九月二十八日生

曾祖伯全　祖昆　父鮮　母胡氏

具慶下　兄志儒　志忠　弟志伊　志剛　娶李氏

浙江鄉試第十一名　會試第七十四名

魏雲霄　貫陝西西安府藍田縣民籍　縣學生

治禮記字子冲行一年三十二六月二十日生

曾祖洪　祖傑　父祺　母張氏

慈侍下　弟雲霞　雲霽　娶王氏　繼娶李氏

陝西鄉試第十名　會試第八十四名

張道明 貫金吾後衛軍籍浙江餘姚縣人 國子生
治易經字行甫行一年三十二八月十七日生
曾祖琦 祖竽 父崇冠帶醫士 嫡母鄭氏 生母徐氏
嚴侍下 弟道隆 道恒 娶鄒氏
順天府鄉試第五十八名 會試第一百四十五名

張簡 貫直隸河間府靜海縣民籍 國子生
治易經字易從行二年三十五三月三十日生
曾祖榮典史 祖璣訓導 父進德 母郭氏
永感下 兄範知縣 娶劉氏
順天府鄉試第五十一名 會試第一百七十五名

陳祖堯

貫福建興化府莆田縣民籍　縣學附學生

治詩經字師欽行五年二十九正月十四日生

曾祖邦信　祖若澄　父容　母張氏

永感下　兄英甲鳴贊　師由　師瞻見　師昭官　丞芳　師輿　娶林氏繼娶魏氏

福建鄉試第七十六名　會試第二百六十九名

殷濡

貫直隸蘇州府常熟縣軍籍　縣學增廣生

治詩經字子沾行三年四十二五月二十五日生

曾祖輹　祖租　父璽　母王氏

永感下　兄沐　治　娶周氏　繼娶陳氏

應天府鄉試第十二名　會試第六十一名

葉楙中 貫直隸揚州府江都縣民籍浙江義烏縣人 府學生

治易經字敬甫行三年二十七十一月二十二日生

曾祖賢千戶 祖萬贈戶部主事 父觀按察司副使 母蕭氏封安人

慈侍下 娶張氏 繼娶王氏

應天府鄉試第九十六名 會試第三百二十一名

王頎 貫湖廣沔陽衛官籍直隸潛山縣人 沔陽州學增廣生

治書經字觀生行二年四十三十二月初一日生

曾祖閏署都指揮僉事 祖忠指揮僉事 父命指揮同知 母童氏封恭人

永感下 兄顥署都指揮僉事 娶譚氏

湖廣鄉試第十六名 會試第二百六十四名

莊有臨

貫福建泉州府同安縣軍籍　縣學附學生

治易經字際盛行二年三十八月二十三日生

曾祖友賢　祖清　父杞　母邵氏

永感下　兄煒監生獻膚貢士際可際輝際會弟際明　娶顏氏

福建鄉試第五十二名　會試第三百十四名

余欽

貫河南睢陽衛官籍江西浮梁縣人　睢州學附學生

治書經字敬甫行二年二十九十月初五日生

曾祖琦　祖亮　父敖　母胡氏

具慶下　兄鐘　弟址　堦　鎮　銓　娶劉氏

河南鄉試第六十三名　會試第二百四十五名

蔣以忠　貫直隸蘇州府常熟縣軍籍　縣學附學生
治詩經字子孝行一年三十二十二月初二日生
曾祖岳知州　祖栻　父世卿　母朱氏　繼母湯氏
具慶下　弟以芃貢士　以誠　以行　以德　以載　以弘　娶周氏
應天府鄉試第二十三名　會試第一百三十六名

孫汝賓　貫浙江紹興府餘姚縣民籍　國子生
治詩經字允尚行八年三十八十月二十日生
曾祖兕　祖鑰贈知縣　父應奎都察院右副都御史進階通奉大夫　母岑氏封淑人
具慶下　兄汝賢知縣　弟汝寅　汝亮　汝寬　汝完　汝仁　汝寀　覺　娶徐氏
浙江鄉試第七十三名　會試第一百八名

李仕華 貫四川叙南衛官籍叙州府宜賓縣人 縣學生
治詩經字邦憲行二年三十六八月二十六日生
曾祖鑛 祖軏 父彏 母辛氏
慈侍下兄仕榮弟仕亨仕儒仕學仕官仕培仕美仕魁娶王氏繼娶曾氏
四川鄉試第三十九名 會試第一百三十四名

王儼 貫四川嘉定州威遠縣軍籍 縣學生
治詩經字若思行一年二十八正月二十日生
曾祖濬 貢士 祖孝 父三成 母温氏
重慶下 弟脩 伊 倫 偉 俊 娶李氏
四川鄉試第二十八名 會試第三百十名

周思稷 貫湖廣黃州府麻城縣軍籍 縣學生

治春秋字子相行一年三十四正月初八日生

曾祖坎贈戶科左給事中 祖文雍壽官 父法 嫡母陳氏 生母毛氏

慈侍下 弟思穆 思稼 娶梅氏

湖廣鄉試第七十四名 會試第九十五名

李樂 貫浙江湖州府烏程縣民籍嘉興府桐鄉縣人 國子生

治易經字彥和行三年三十七十二月初二日生

曾祖成勉 祖宗泰 父昊 嫡母朱氏 生母沈氏

慈侍下 兄渠 欒 弟槃 繁 棐 娶錢氏

浙江鄉試第三十九名 會試第十九名

龍懋賢

貫四川成都府內江縣民籍 縣學增廣生

治春秋字晉甫行二年三十十一月二十三日生

曾祖守禎 祖榮 父文魁通判 母梁氏

慈侍下 兄懋行 懋賞 懋卿 懋昭 懋志 懋學 娶鄧氏

四川鄉試第五名 會試第一百七十一名

王大用

貫直隸東勝左衛軍籍山西趙城縣人 永平府學生

治詩經字擇之行一年四十一十月初三日生

曾祖成 祖山 父堂 母房氏

永感下 弟大賓 娶李氏

順天府鄉試第四十九名 會試第三百八十五名

于鯨 貫山東濟南府歷城縣民籍 縣學增廣生
治詩經字子長行二年二十九十月十六日生
曾祖美 祖恭 父芳 母顧氏
重慶下 兄鯤 弟蛟 飛 娶許氏
山東鄉試第十九名 會試第一百十五名

徐元吉 貫四川重慶衛軍籍重慶府巴縣人 府學生
治詩經字黃巖行一年二十六十一月十九日生
曾祖仲錞 祖廷甫 父坤 母蔣氏
具慶下 弟亨吉 娶曹氏 繼娶甘氏
四川鄉試第二十名 會試第三百九十六名

謝宗倫

貫直隸徽州府祁門縣民籍　縣學生

治詩經字子敘行三十六年三十六二月二十六日生

曾祖恒　祖宣　父應鳳　嫡母許氏　生母朱氏

慈侍下　兄宗儒　弟宗俊　娶陳氏

應天府鄉試第二十五名　會試第二百四十八名

陳一夔

貫江西撫州府金谿縣軍籍　縣學附學生

治書經字樂卿行六十年三十八月十八日生

曾祖廷傑　祖嘉言教授　父鏜長史　母江氏　繼母黃氏

重慶下　弟一龍監生　一益　一科　一策　一尹　娶吳氏

江西鄉試第四十九名　會試第三百五十六名

顧大典　貫直隸蘇州府吳江縣軍籍　縣學附學生
治易經字道行行三年二十七八月二十一日生
曾祖瑱封刑部主事　祖昺知府　父名莪　母周氏
慈侍下　兄大綱監生　大紀　弟大經　大綸　大欽　大統　大謨監生　娶劉氏
應天府鄉試第三十四名　會試第三百四十八名

韓必顯　貫山東青州府安丘縣民籍　縣學生
治易經字用晦行四年二十八五月二十三日生
曾祖勵聽選官　祖相衛經歷　父守廉　母王氏
具慶下　兄必大　必亨　必光貢士　弟必隆　必登　娶張氏
山東鄉試第六十三名　會試第二百七十二名

陳尚伊

貫湖廣衡州府桂陽州軍籍　州學生

治詩經字汝聘行四年三十八三月二十七日生

曾祖紹虎　祖日宣　父惟相　母尹氏　繼母劉氏

慈侍下　兄尚紋　尚紳　尚緇　弟尚善　尚緘　尚繞　尚儼　娶李氏

湖廣鄉試第二十四名　會試第二百七十一名

曹助

貫陝西慶陽府安化縣軍籍　府學附學生

治詩經字子明行四年四十四七月十三日生

曾祖寬　祖景通 布政司庫副使　父文學 縣丞　母姜氏

慈侍下　兄時 貢士　昕　暘 知州　弟暐　曜　曉　娶陳氏　繼娶雷氏　左氏

陝西鄉試第二十二名　會試第二百名

劉伯縉 貫山東濟南府歷城縣軍籍 國子生
治詩經字薦卿行一年三十八八月初三日生
曾祖敔 祖堂 父隆 母彭氏
具慶下 弟伯紳 伯綬 娶李氏
山東鄉試第六十七名 會試第三百六十四名

紀克一 貫山東萊州府膠州軍籍 州學生
治書經字貞甫行二年四十一三月二十八日生
曾祖璥 祖澄倉大使 父持 母宋氏
永感下 兄克正 弟五常同科進士 娶王氏
山東鄉試第五十六名 會試第三百九十九名

劉不息　貫山東兖州府滋陽縣軍籍　縣學生
治春秋字體道行一年三十五十月十八日生
曾祖鉞　祖敏　父麟　母王氏
慈侍下　弟崇禮　崇儒　娶高氏
山東鄉試第十六名　會試第八十名

闞成章　貫直隷蘇州府長洲縣匠籍　縣學生
治易經字孔裁行一年三十三六月初九日生
曾祖宗勝　祖文榮　父奎　母周氏
慈侍下　弟成德　娶王氏
應天府鄉試第五十一名　會試第三百十七名

張朝瑞 貫直隸淮安府海州民籍 國子生
治春秋字子禎行五年三十三六月二十四日生
曾祖俊 祖通典史 父祀恩例訓導 嫡母孟氏 繼母王氏 孟氏生母鍾氏
具慶下 兄朝卿 朝相 朝著 朝政 弟朝選 娶葛氏
應天府鄉試第八十八名 會試第三百十一名

胡友信 貫浙江湖州府德清縣民籍 縣學附學生
治易經字成之行一年四十六四月十八日生
曾祖敏 祖華縣丞 父世和 母魏氏 繼母沈氏
慈侍下 娶吳氏 繼娶吳氏
浙江鄉試第五十三名 會試第九十七名

秦致恭

貫廣西桂林府靈川縣民籍　縣學生

治禮記字率禮行一年四十四正月初二日生

曾祖桂華驛丞　祖忠縣主簿　父彰　母崔氏　繼母蘇氏

慈侍下　弟致順　致慎　娶全氏

廣西鄉試第三名　會試第二百八十三名

裴應章

貫福建汀州府清流縣民籍　縣學生

治詩經字元闇行六年二十九四月二十九日生

曾祖永盛　祖榮寬　父鎰　母劉氏

具慶下　弟應珊　應徵　應試　娶曾氏

福建鄉試第五十六名　會試第一百四十四名

余懋學貫直隸徽州府婺源縣民籍　縣學附學生
治書經字行之行一年三十五月初七日生
曾祖榮知縣　祖璺　父世儒知縣　母孫氏　繼母胡氏
具慶下　弟懋志懋立懋順懋賢懋貴懋孳　娶汪氏
應天府鄉試第三十一名　會試第十二名

張孫繩貫廣西桂林府臨桂縣民籍　府學附學生
治易經字公武行二年二十八十一月十五日生
曾祖玉　祖策知縣贈禮部郎中　父言知府　母詹氏封安人
慈侍下　兄孫振貢　弟孫繼孫述孫顯孫承孫念孫衍孫慶　娶葉氏
廣西鄉試第十五名　會試第四十八名

劉倬

貫直隸蘇州府長洲縣民籍吳縣人　府學增廣生

治禮記字原檢行二年三十正月十九日生

曾祖恭 都察院右副都御史贈通議大夫　祖炯 知府　父深　母徐氏

慈侍下　兄偲　娶朱氏

應天府鄉試第九十八名　會試第一百八十五名

李瑱

貫山西平陽府解州民籍　州學增廣生

治詩經字聰甫行六年三十十一月十三日生

曾祖威　祖梁　父華　前母侯氏　母龔氏

慈侍下　兄璔 琰 珣 璡 進士 珪 琢　弟瑕 珊 賛 光 同科進士 璋 瓚　娶王氏

山西鄉試第三十一名　會試第二百七十四名

張試

貫浙江紹興府蕭山縣匠籍　縣學生

治書經字式言行十年三十三四月十八日生

曾祖玨（授例冠帶）　祖幹山（指揮使）　父廷柱（典儀）　母高氏

具慶下　兄誼　誼（進士）　詞　詰　調　語　諧（監生）　弟諒　詔　娶孫氏

浙江鄉試第二十四名　會試第四十一名

史邦直

貫山東濟南府樂陵縣軍籍　縣學生

治易經字敬司行二年三十七月初五日生

曾祖麟　祖述（歲貢生）　父袋　母鄭氏

具慶下　兄筆正　弟筆義　娶高氏

山東鄉試第三名　會試第一百二十五名

任芹

貫山東登州府萊陽縣軍籍　國子生

治書經字汝獻行二年三十二三月十一日生

曾祖恕　祖大志　父銳　母董氏

重慶下　兄茇　蕡　茆　弟芷　葵　芊　藻　蒿　娶宋氏

山東鄉試第五十五名　會試第二百七十九名

張道充

貫河南歸德府商丘縣民籍杞縣人　府學生

治春秋字叔學行一年四十一十二月二十二日生

曾祖政　祖愈　父寧　母王氏

嚴侍下　弟道立　道明　道弘　娶李氏　繼娶夏氏

河南鄉試第五名　會試第一百十八名

杜其驕 貫順天府大興縣匠籍浙江東陽縣人 國子生
治詩經字汝大行一年三十三九月二十四日生
曾祖海 祖杲 父炳鴻臚寺主簿 母趙氏
具慶下 弟其吝 娶左氏
順天府鄉試第四十二名 會試第三百六名

鄭準 貫直隸蘇州府吳縣民籍 縣學生
治書經字正衡行一年三十五四月二十四日生
曾祖鑑 祖玠 父稍 母王氏
慈侍下 弟平 覃 娶徐氏
應天府鄉試第十七名 會試第八十九名

辜明試　貫江西南昌府南昌縣民籍　府學生
治詩經字懋功行五年三十三三月二十三日生
曾祖仲本　祖治傑　父季輔　母萬氏
慈侍下　兄明初　弟明誠監生　明祥　明誦　娶熊氏
江西鄉試第八十二名　會試第二十名

邵仲祿　貫四川夔州府官籍湖廣瞿塘衛人　府學生
治易經字孟廉行一年二十八二月初十日生
曾祖武百戶　祖辟　父意　母韓氏
具慶下　兄仲英　仲傑　弟仲爵　仲賢　仲明　仲禮　娶吳氏
四川鄉試第五十五名　會試第一百八十八名

羅徵竹 貫江西吉安府吉水縣民籍 縣學附學生

治易經字庭猗行四年三十七六月初九日生

曾祖其祥長史 祖體朝 父有慶 母彭氏 繼母劉氏

嚴侍下 弟徵蘭 娶尹氏

江西鄉試第六十五名 會試第十名

陳嚴之 貫福建福州府閩縣民籍 府學增廣生

治春秋字泰仲行四年四十二四月十四日生

曾祖叔紹按察司副使 祖熉 父垠 前母鄭氏 母林氏

慈侍下 兄朝鉞 鉽 鍾 鐸 南之 金之 布政司參政 朝鑌 弟朝錠歲貢生 娶林氏 繼娶高氏

福建鄉試第七十五名 會試第三十八名

黄猷吉

貫山東東昌府臨清州民籍浙江山陰縣人　府學生

治詩經字仕禎行一年三十一九月初三日生

曾祖琳　祖舜儀　父紀　母陳氏

慈侍下　兄一清鴻臚寺署丞　娶彭氏

山東鄉試第四十二名　會試第一百十三名

咸懷良

貫山東登州府萊陽縣軍籍　縣學增廣生

治書經字廷遂行二年三十十一月二十一日生

曾祖讓　祖大昌縣主簿　父福　母宫氏

慈侍下　兄懷忠　娶趙氏

山東鄉試第五十五名　會試第一百四十九名

孫珮

貫山東青州左衛軍籍青州府諸城縣人 益都縣學附學生

治春秋字伯玉行五年三十三閏十二月初二日生

曾祖興 祖泰 父文佐 母宋氏

慈侍下 兄松 孝 栢 弟 弟信 恩 惠 娶李氏

山東鄉試第四十八名 會試第三百六十七名

張弘毅

貫廣東廣州府東莞縣軍籍 縣學附學生

治易經字士可行六年三十七月初十日生

曾祖充 祖統元 父集信 嫡母王氏 生母李氏

永感下 兄孔 憲 弘畧 禹 永典 娶何氏

廣東鄉試第六十一名 會試第一百七名

高自新　貫直隸真定府獲鹿縣民籍　國子生

治易經字本澄行二年三十一九月初一日生

曾祖德成　祖遷義官　父大巡檢　母趙氏

具慶下　兄自卑　弟自修　自明　自持　自勵　娶馬氏

順天府鄉試第七十一名　會試第三百七名

趙惟卿　貫直隸真定府趙州柏鄉縣軍籍　縣學生

治春秋字良弼行一年三十三十一月二十四日生

曾祖寧　祖希哲　父秉善　母馬氏　繼母孟氏

嚴侍下　弟惟相　惟士　惟城　娶秦氏

順天府鄉試第九十九名　會試第二百二十五名

趙允升

貫山西大原府代州軍籍　州學生

治詩經字吉夫行二年三十二正月初七日生

曾祖傑贈上林苑監丞　祖玥長史　父立教諭　前母謝氏　母劉氏

具慶下　[illegible]　弟允若　允恭　允懷　允進　娶張氏　繼娶張氏

山西鄉試第十五名　會試第一百二十一名

郭思極

貫直隸大名府魏縣民籍山西襄垣縣人　魏縣學增廣生

治書經字致中行一年二十九九月二十日生

曾祖泰　祖時盛　父祜　嫡母劉氏　生母秦氏

慈侍下　弟思誠　娶楊氏

順天府鄉試第九十四名　會試第三百九十一名

李尚默 貫浙江寧波府鄞縣民籍 縣學生
治易經字子靜行四年三十二十月初二日生
曾祖鈺七品散官 祖湘 父朴 母周氏
具慶下 兄燦 恩 榮 炫 羔 娶楊氏 繼聘黃氏
浙江鄉試第七十三名 會試第三百十二名

周裔登 貫廣東廣州府南海縣民籍 縣學增廣生
治易經字朝亮行一年三十五七月二十六日生
曾祖景彬 祖昺 父楫 母勞氏
慈侍下 弟裔遷 裔先貢士 娶招氏
廣東鄉試第十三名 會試第三百二十七名

顧潔材

貫直隸蘇州府長洲縣民籍常熟縣人 長洲縣學生

治詩經字弘任行一年三十七正月二十二日生

曾祖純 祖宗源 父嵩 母朱氏

具慶下 娶黃氏

應天府鄉試第二十八名 會試第三百三十名

劉如皐

貫湖廣黃州府蘄州軍籍 州學生

治書經字德卿行一年三十二九月初九日生

曾祖鎮 祖廷臣 父岱 母鄧氏 繼母羅氏 方氏

具慶下 弟如伯 娶顧氏

湖廣鄉試第八十九名 會試第七十五名

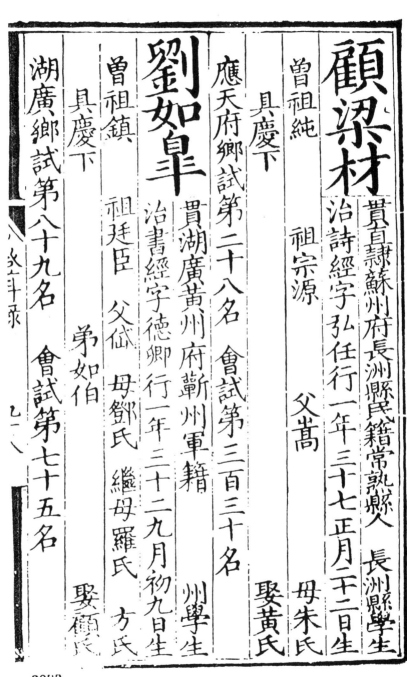

趙雲翔　貫山東兗州府平陰縣軍籍　縣學生
治書經字元舉行一年三十三十二月十七日生
曾祖安　祖世豪　父廷寶　母蘇氏
具慶下　弟雲岳　雲衢　雲程　娶孫氏
山東鄉試第六十一名　會試第九十八名

杜循　貫江西南昌府豐城縣軍籍　縣學附學生
治詩經字伯理行四年三十六四月二十三日生
曾祖玉斌　祖士繹　父擴　母丁氏
具慶下　兄德　弟衍　衡　娶鄒氏
江西鄉試第五十七名　會試第七十三名

王中達　貫河南宣武衛軍籍　祥符縣學生

治易經字道卿行四年三十五三月初五日生

曾祖通　祖振贈監察御史　父琇按察司副使　前母何氏贈孺人　母李氏封孺人

慈侍下　兄中孚　中立　中行　弟中和　娶胡氏　繼娶李氏

河南鄉試第六十名　會試第三百三十二名

張士奇　貫直隸真定府冀州棗強縣匠籍　縣學生

治易經字子傑行一年四十二月初五日生

曾祖鑑府經歷　祖文禎　父守緒　母屈氏　繼母王氏

永感下　弟士廉　士龍　士彥　士弘　士毅　士竟　娶康氏

順天府鄉試第六十名　會試第二百二十三名

李憙 貫山西太原府祁縣軍籍 國子生
治詩經字樂天行四年四十九十月初二日生
曾祖鳳 祖子瞻 父鑰 前母武氏 母韓氏
永感下 兄恕府經歷 恩 惠 弟愈 思 念 娶王氏繼娶董氏呂氏
山西鄉試第十七名 會試第三百九十八名

沈楠 貫浙江杭州府仁和縣竈籍 縣學附學生
治詩經字汝材行一年三十五九月十二日生
曾祖文炳訓導 祖天祿 父致和 母唐氏
慈侍下 弟相 娶徐氏
浙江鄉試第三十四名 會試第二百四十三名

劉守仁 貫山西平陽府洪洞縣軍籍 縣學生

治易經字與居行二年三十八十一月二十一日生

曾祖普 祖文 父蘭 母郭氏

慈侍下 兄守魁 弟守正 守業 娶王氏

山西鄉試第七名 會試第三百八十九名

羅奎 貫陝西西安府邠州淳化縣民籍 國子生

治書經字明漢行一年二十四正月二十三日生

曾祖九思 知縣 祖學夫 父廷輝 壽官 母姚氏

重慶下 弟昴 巽 房 星 胃 婁 壁 娶任氏

陝西鄉試第五十四名 會試第一百八十三名

劉鉉　貫江西饒州府鄱陽縣民籍　縣學生

治春秋字玉卿行十五年三十八三月十一日生

曾祖楷 良醫　祖炳 封知縣贈吏部郎中　父塾 光祿寺卿　母李氏 贈宜人　繼母楊氏 封宜人

永感下　兄鑑 良醫 鍠 監生　弟銑 監生　娶李氏

江西鄉試第五名　會試第一百八十七名

胡汝欽　貫直隸保定府定興縣民籍　國子生

治書經字子敬行一年三十三月十四日生

曾祖榮　祖俊　父滋　母耿氏

慈侍下　娶馮氏　繼娶張氏

順天府鄉試第七十五名　會試第二百九十三名

耿鳴世 貫山東濟南府新城縣民籍 縣學增廣生
治書經字茂謙行一年三十五十一月十七日生
曾祿 祖溫 父錞 母王氏 繼母劉氏 許氏
具慶下 弟鳴皐 鳴雷 鳴岡 鳴陽 娶巴氏
山東鄉試第三十六名 會試第一百八十名

沈位 貫直隸蘇州府吳江縣軍籍 縣學增廣生
治書經字道立行三年四十四月初八日生
曾祖奎 贈刑科給事中 祖漢 戶科左給事中 父嘉謨 監生 母盛氏 繼母夏氏
慈侍下 兄仕化 監生 弟僑 監生 僎 象道 監生 倬 娶顧氏 繼娶顧氏
應天府鄉試第一名 會試第七名

毛圖南

貫直隸蘇州府吳江縣民籍 縣學生

治春秋字宇化行一年四十五七月初七日生

曾祖友諒 祖源贈布政司右參議 父衢按察司提學副使 母顧氏贈安人 繼母汝氏封安人

慈侍下 弟見南 壽南 娶沈氏

應天府鄉試第二十四名 會試第二十八名

劉致中

貫河南開封府延津縣民籍 縣學生

治詩經字位夫行一年三十一十月十五日生

曾祖鐙縣主簿 祖棫 父滄 母李氏 繼母甯氏

具慶下 弟致和 致曲 聘楊氏 娶張氏

河南鄉試第十九名 會試第二百八十四名

秦時吉

貫陝西漢中府南鄭縣民籍 縣學生

治書經字修之行一年三十九八月十一日生

曾祖杲 祖廣 父旻衛經歷 母張氏 繼母劉氏 賀氏

嚴侍下 弟時利 娶張氏

陝西鄉試第三十六名 會試第三百二十二名

劉光國

貫河南汝寧府上蔡縣民籍 縣學生

治詩經字汝觀行一年三十一九月二十九日生

曾祖洋知縣 祖楨 父守志 母王氏

慈侍下 弟光遠 光家 光先 光裕 娶梁氏 繼娶吳氏

河南鄉試第七十名 會試第一百十九名

周西

貫河南彰德府安陽縣民籍 府學生

治詩經字毓美行二年三十六十一月十二日生

曾祖全衛經歷 祖完壽官典膳 父于道儀賓 母華容縣君 繼母李氏

具慶下 兄南 娶秦氏

河南鄉試第二十七名 會試第二百二十九名

房寰

貫浙江湖州府德清縣民籍 縣學附學生

治易經字中伯行一年二十九八月二十四日生

曾祖俊 祖惠 父賀 嫡母王氏 生母劉氏

具慶下 弟宣 寅 寔 娶宋氏

浙江鄉試第三十三名 會試第二百四十九名

貫四川成都府內江縣竈籍　縣學增廣生

周世科

治禮記字仲登行三年三十三二月十二日生

曾祖輔臣　祖宗元（壽官贈大理寺評事）　父瑤（按察司副使）　母張氏（封孺人）

具慶下　兄世教　世鵬　弟世棟　世驥　世麟　娶彭氏

四川鄉試第五十八名　會試第三百三十一名

郝維喬

貫河南開封府扶溝縣民籍　府學附學生

治詩經字子遷行四年二十八十二月二十一日生

曾祖順　祖文舉　父鐵　嫡母李氏　生母毛氏

具慶下　兄維新（監生）　維化　維一　弟維康　維岱　維恒　娶齊氏

河南鄉試第四十四名　會試第二百九十八名

梁式

貫山東東昌府冠縣軍籍　國子生

治書經字似之行一年四十三九月十一日生

曾祖俊　祖騰　父官知縣　母趙氏　繼母張氏

重慶下　弟或　載　戩　弋　戎　娶李氏

山東鄉試第十七名　會試第五十九名

謝廷敎

貫湖廣承天府沔陽州景陵縣民籍江西安福縣人　景陵縣學生

治易經字宗文行一年三十七八月初七日生

曾祖恢綸　祖寶　父孔仁　母彭氏

具慶下　弟廷勅　廷教　娶劉氏

湖廣鄉試第五十名　會試第五十七名

王一誠

貫直隸蘇州府崑山縣軍籍太倉州人 國子生

治易經字明得行二年四十三九月十三日生

曾祖僑 南京工部郎中 進階朝列大夫 祖悌 貢士贈南京禮部主事 父世芳 按察司提學副使 母毛氏 封安人 繼母丘氏

永感下 兄一貫 弟一元 貢士 一正 一中 一恭 一善 一藝 娶魏氏 繼娶萬氏 劉氏

應天府鄉試第八十九名 會試第三百八十三名

林華

貫廣東瓊州府文昌縣民籍 縣學生

治禮記字原積行一年三十七十月二十四日生

曾祖文爍 壽官 祖士賢 監生 父鳴鸞 母雲氏

嚴侍下 兄芳 勲 弟蔚 著 娶邢氏 繼娶高氏

廣東鄉試第十五名 會試第二百一名

吳鑑

貫江西建昌府南城縣民籍　縣學生

治書經字順應行十年三十七十二月二十一日生

曾祖京　祖仕明　父一韓　母章氏

慈侍下　兄鎮　弟鋭　娶張氏

江西鄉試第三十七名　會試第二十四名

何世學

貫浙江紹興府蕭山縣民籍　縣學附學生

治書經字文甫行十四年三十五九月十六日生

曾祖濤　祖錀 壽官　父瞻 冠帶醫士　母陳氏

具慶下　兄世賢 世英 吏目 世榮　弟世章 世文 世科 世高 世選　娶沈氏

浙江鄉試第七十六名　會試第二百八名

易儆之

貫湖廣黃州府黃岡縣民籍　縣學附學生

治詩經字惟效行六年三十一七月二十日生

曾祖學諒　祖大壹　父明幾　母徐氏　繼母林氏

具慶下　弟伸之偲之儀之佺之信之佐之　娶蔡氏　繼娶朱氏

湖廣鄉試第七十九名　會試第三百九十名

黃德洋

貫福建泉州府晉江縣民籍　縣學附學生

治易經字以達行二年三十一五月二十三日生

曾祖炳　祖廷基　父鉞　母曾氏

永感下　兄德潤　弟德淵　娶陳氏

福建鄉試第二十八名　會試第二百三十三名

偰維賢

貫雲南姚安府姚州民籍　府學生

治書經字佑之行二年二十三三月二十五日生

曾祖永福　祖文政　父雲教諭　母章氏

具慶下　兄維一　娶馬氏

雲南鄉試第十五名　會試第一百四名

牛可麟

貫河南開封府祥符縣民籍　縣學附學生

治易經字瑞卿行一年三十三閏十二月初八日生

曾祖淳　祖銘壽官　父綱知縣　前毋張氏　母葛氏

慈侍下　弟可豸　可豹　娶陳氏

河南鄉試第五十四名　會試第一百五名

劉禹謨 貫江西吉安府廬陵縣民籍 國子生

治易經字平甫行十年四十十月初五日生

曾祖來哲 教諭 祖離用 知州 父寵 縣丞 母謝氏 繼母李氏

具慶下 兄則塘 知縣 弟則孔 則孟 娶王氏 繼娶王氏 郭氏

江西鄉試第七十四名 會試第二百九十名

黃家棟 貫河南汝寧府息縣民籍 縣學生

治春秋字國隆行一年四十二月二十一日生

曾祖元吉 縣丞贈刑部主事 祖經 選例冠帶 父鄗 歲貢生 母翟氏

永感下 兄家柱 家相 弟家樓 家楠 家梓 娶李氏 繼娶劉氏

河南鄉試第二十四名 會試第二百十一名

楊節

貫河南開封府祥符縣民籍　縣學生

治詩經字子貞行一年三十八三月二十日生

曾祖和　祖汧 訓導　父平　母李氏

慈侍下　娶張氏

河南鄉試第六十八名　會試第二百五十二名

方學孟

貫江西饒州府浮梁縣軍籍　縣學生

治詩經字子醇行十五年三十五十二月十六日生

曾祖宜之 贈南京工部郎中　祖選 南京工部郎中　父宇 訓導　前母戴氏　母汪氏

慈侍下　兄學孔　弟學伊　學周　娶王氏

江西鄉試第六十四名　會試第一百三十二名

郭有金
貫山西平陽府蒲州民籍陝西朝邑縣人 州學附學生
治易經字雙南行一年二十六五月初七日生
曾祖銳 壽官 祖沂 父子堅 嫡母王氏 生母李氏
具慶下 弟有衛 有行 娶張氏
山西鄉試第五十六名 會試第三百二十四名

萬一貫
貫江西吉安府安福縣民籍 縣學附學生
治書經字汝唯行三年二十九六月初三日生
曾祖碾 祖璦 父子鐸 母楊氏 繼母劉氏
具慶下 兄一賔 弟一質 一貴 一賢 娶彭氏
江西鄉試第八十九名 會試第三百四十九名

趙時敏

貫直隸大名府大名縣民籍　國子生

治詩經字子遜行一年三十九七月十九日生

曾祖剛　祖進　父秩　母李氏　繼母張氏

慈侍下　兄應登　應科　弟時亨貢士　時揚　時雍　時熙　娶邢氏

順天府鄉試第一百三十一名　會試第三百十六名

趙池

貫山東青州府昌樂縣軍籍　縣學生

治詩經字道涵行一年三十三十二月初七日生

曾祖仁　祖珮　父鷴薦訓導　嫡母任氏　生母鄭氏

具慶下　弟湖　湘　潭　娶于氏

山東鄉試第六十八名　會試第一百五十五名

曹銑　貫直隸松江府華亭縣民籍　國子生

治詩經字子良行二十二年三十八七月初八日生

曾祖文豫　祖麒　父玉　母姜氏

永感下　兄鍔布政司都事封光祿寺署丞　鉞陰陽正術　鑰布政司照磨　鋐　錤縣丞　弟鏄　娶劉氏

應天府鄉試第八十四名　會試第三百五十二名

沈文　貫浙江杭州府仁和縣民籍　府學生

治易經字思質行一年三十正月二十一日生

曾祖瀾　祖廷璽　父綱　母吳氏

具慶下　弟廉　章　亮　彥　京　音　娶王氏　繼娶金氏

浙江鄉試第十六名　會試第一百五十一名

何維椅　貫廣東廣州府南海縣民籍　國子生

治詩經字喬佐行四年四十十二月三十日生

曾祖榮壽　官　祖方　贈都察院左副都御史　父應初　封監察御史累贈都察院右副都御史　前母陸氏　累贈淑人　母馮氏　累封淑人

慈侍下　兄維楫　都察院左副都御史　維喬　舉　維樺　維樟　維魁　維岳　弟維岩　維英　維崖　維嵩　維梅　娶陳氏

廣東鄉試第六十八名　會試第三百七十三名

章禮　貫錦衣衛匠籍浙江會稽縣人　順天府學生

治易經字約之行四年四十五九月二十八日生

曾祖智　祖景純　父民服　母徐氏

永感下　兄福　祉　弟祺　祥　娶徐氏　繼娶董氏

順天府鄉試第一名　會試第七十名

孫汝匯 貫浙江紹興府餘姚縣民籍慈谿縣人 府學附學生
治易經字仲選行六十二年二十八十一月十三日生
曾祖即 祖綺 父球 母陳氏
具慶下 兄清州判官 仲述 仲遜 仲運 仲巡 仲遠 仲進 仲造 弟仲遂 仲近 時英 時俊 娶胡氏
浙江鄉試第五十四名 會試第二百九十二名
霍希夔 貫山西大同府應州軍籍平陽府臨汾縣人 國子生
治易經字虞卿行二年三十五九月十二日生
曾祖志忠 祖達 典史 父宗嶽 母王氏
嚴侍下 兄希龍 弟希稷 希堯 娶王氏 繼娶李氏
山西鄉試第五十名 會試第一百二十七名

錢拱宸

貫浙江湖州府烏程縣民籍　縣學增廣生

治禮記字恭卿行一年三十三八月十一日生

曾祖嶽壽官　祖深　父桀歲貢生　嫡母嚴氏　生母沈氏

慈侍下　弟琰　爙　魯　烰　娶丁氏

浙江鄉試第二十七名　會試第六十七名

喻均

貫江西南昌府新建縣民籍　縣學附學生

治書經字邦相行五年三十閏七月十六日生

曾祖瀚　祖栗　父爕　母夏氏

具慶下　兄培　載　起　堦　弟壤　壎　裁　娶鄧氏　繼娶賀氏

江西鄉試第七十七名　會試第二百六十一名

臣羅萬化

臣

對臣聞人君之治天下也必安攘兼舉而後可以成天下之至治必明斷並行而後可以收天下之實功何也君猶天也凡內而中國外而四夷皆覆冒於天而為君所統馭者也惟天好生而覆幬之用並育而不害惟君法天而安攘之績兼舉而不遺故務本重農以厚民之生而於以成順治之休治兵修備以固國之防而於以達威嚴之化是二者誠有國之先務而不可以偏廢不可以緩圖者

也然非明以燭之於先而斷以行之於後則雖外慕乎安内之名而實效罔臻雖從事於攘外之文而成功罔奏其何以合内外之治而用舒夫宵旰之憂也哉故必君以實心主之而委任以責成者恒出之以英明果斷之勇臣以實心效之而分猷以宣力者每竭之以左右賛相之誠然後君臣道合而百度貞上下志同而萬化廣中國可安四夷可攘内可順治外可威嚴而久安長治之功將致之而無難矣欽惟

皇帝陛下以
聖神之德膺曆數之歸
至誠饗帝
恭巳臨民天下臣庶孰不翹首而觀拭目而望
以冀沾維新之化而
陛下方且望道未見求治愈殷廼特進臣等於
廷俯
賜清問惓惓乎安內攘外之策顧臣愚陋曷足
以知當世之務雖然
陛下此舉盖将採而行之非虛循故事已也蘇軾

有言君以名求之臣以實應之矧今
陛下以實求之臣敢不披瀝以對揚萬一耶臣竊
聞之書曰天降下民作之君作之師惟其克
相上帝寵綏四方則知天之生民所以左右
而曲成之者其責恒寄之君而君之主民所
以生養而安全之者其道實法乎天此人君
所以與昊天同一道也夫惟人君有同天之
道則凡曆象日月以經天之時體國經野以
相地之宜立綱陳紀以定民之極愛養樽節
以盡物之利皆所以興化而致理也皆人君

所以法天之政也然語其政之大者則惟曰
務本以重農治兵以修備二者而已何也蓋
國以民為本而農者民之命也兵者又民之
衛也農有不重則衣食無所自生而啼饑號
寒之民且將有轉死於溝壑者矣君固代天
以任養民之責者也而乃使民無以為生可
乎兵有不治則備禦無所由固而寇賊奸宄
之發且將有駢首於鋒鏑者矣君固代天以
當安民之責者也而乃使民失其所衛可乎
是故成王初親大政正天心陟降之際人心

觀仰之時也而周公所以惓惓於告戒者一則曰知稼穡之艱難乃逸一則曰其克詰爾戎兵以陟禹之迹是豈無深意而漫為是言者哉蓋以知稼穡之艱難則農事修而民食有資人君養民之責盡於此矣知戎兵之當詰則武備飭而民生有衛人君安民之責盡於此矣夫人君而誠使民之得養也民之獲安也尚何化之不可興而理之不可致哉故穡人成功而永清之治於前而有光守在四夷而重譯之朝愈遠而不替此古今之稱善

治者必曰成周而誦周公之功者亦至今不衰也洪惟我
太祖高皇帝耤田有諭曰欲財用之不竭國家之常裕鬼神之常享其必由農乎大哉
王言諄諄乎重農之意也
成祖文皇帝務本有訓首舉
太祖創業之難次及往古聖賢之君昏亂之主以昭鑒戒訏哉
聖謨切切乎垂裕之心也而又作
祖訓一書兢兢乎選將練兵之圖居安忘備之憂

則當時所以重民之命嚴民之衛者蓋周至
而曲盡矣故民民皆樂業而太和之治允洽夷
皆貢琛而来王之化益昭内固無不順治而
外亦無不威嚴所以上追成周之盛而啓我
國家億萬年無疆之休者端不在於此哉惟我
皇上臨御以来躬率臣民耕耤於
南郊則一念重農之意已切至而不虚而又
屢勑邊吏慎固封圉博求制虜之長策則一念
防患之心又誠篤而匪懈其於
二祖之所以垂訓已身體而實踐之矣宜農事修

而民無不遂之養武功振而國無不安之民也乃今彝典雖舉而實政未孚啼饑號寒之民不惟見於窮陬僻壤之所而通都大郡亦或有不免焉督責雖勤而武備猶弛寇賊奸究之發不惟見於窮邊荒服之外而弄兵赤子亦尚有未靖焉則所以釐我

皇上宵旰之憂而不遑豫逸者良有以哉臣嘗反覆思之而得其故矣試以農言之方今四方之民游惰者多歸農者鮮此生之所以不衆而用之所以不舒也今

皇上誠欲驅天下之民而皆力於本其道無他惟
貴穀粟而已矣盖穀者民之所資以為生也
民終日不食則饑餒隨之迺今挾末技而輕
去其田里者豈民之皆不樂生哉穀賤故耳
我
國家於常賦之外罷有折贖鹽有飛輓初非不
貴穀也嗣以國用不經而見小以忘大於是
有折色之糺有解銀之額而穡人之功日漸
輕矣又何怪其逐末而忘本也故臣願貴五
穀賤金玉而曉然使知百穀之重如鼂錯之

所奏焉則激勸化導之下豈無力本之農矣
乎如是而謂民之有失業者未之有也若夫
屯政之修鹽法之理又厚農通商之最大者
獨不可講而行之乎臣以為法久而弊者勢
也遇變而通者權也故屯種之田乾沒於豪
右而番休之卒服役於權門屯政之廢久矣
然不曰湖山斥鹵之可墾闢乎奸豪欺隱之
可沒入乎游手游食之民之可驅率乎昔韓
重黎之田振武郭子儀之耕河中彼豈奪諸
其民者與不過假不耕之地而收無窮之稅

耳今宜畫為之制田之見存者履畝而正界
兵之服農者間歲而代耕而又時申召募之
令各與以可耕之田則經界定而侵併之奸
不肆屯聚眾而樹藝之功可成昔人謂其寬
民力之最大者正謂此也工本之鈔既難於
補給而守支之商又困於折兌鹽法之壞久
矣然不曰錢鈔之用有當均者乎輸納之粟
有當復者乎私挾私販之令有當嚴者乎昔
管仲之煮山海劉晏之榦淮鹽彼豈掊諸其
民者與不過總其權於上而布其利於下耳

今宜定為之制重鈔法以收買餘鹽而使竈
有所償輕中納以廣招商人而俾鹽無所滯
則竈得實利而法禁可施商有餘貲而正課
自溢昔人謂其飛輓之最速者正謂此也不
然則清查愈密而也政愈不修法禁愈嚴而
鹽法愈不理辟之醫者不治其本而唯治其
標亦終必斃而已矣欲農商之兩利也胡可
得哉以兵言之方今邊疆之地醜虜匪茹警
報歲聞此備之所以不嚴而武之所以未振
也今

皇上誠欲奮天下之武而克壯其猷其道無他唯
重將帥而已矣盖將者兵之所恃以為主也
兵一日無將則長亂從之迺今食廩餼而輕
離其卒伍者豈兵之皆不衛主哉將輕故耳
我
國家於沿邊之地分據以參將專制以總兵初
非不重將也後以承平日久而重文以輕武
於是有巡撫以轄之有總督以統之而文法
之拘日加密矣果安責其應敵而致勝也故
臣願重其權專其任而屹然使當一面之寄

如趙充國之所行焉則委任責成之際豈無
敵愾之勇矣乎如是而謂虜之有竊發者未
之有也若夫戰守之策調練之宜又安邊保
邦之最急者獨不可議而行之乎臣以為一
勞者永逸之基也暫費者久寧之道也夫今
之虜非昔之虜矣飈舉烏集衆寡之勢既殊
而狼奔豕突險阻之地難憑此當事者所以
苦於戰守之難也然臣竊計之舉匈奴之衆
曾未足以當中國之半而卒未有能一創懲
之者其故何歟無乃先發之謀未定而積弱

之氣有未振乎兵法曰寧我制人毋人制我
此勞逸主客之幾也故昔高宗之伐鬼方也
不憚於三年之久而孔明之保全蜀也不辭
夫六出之頻彼豈好為是窮兵哉誠以不創
之於前則後之憑陵者當未艾而不制之於
我則彼之窺伺者日未息耳今醜虜之猖獗
既如此而猶因循委靡不思所以振作奮勵
之術則何以成中興之治而保邊境於無虞
也哉故臣即今之勢以權戰守之策必也其
先決戰乎蓋必以戰為守庶可以折方張之

勇而莫不拔之基也今之兵又非昔之兵矣
銳氣消沮怯懦既已成風而勞費不貲司農
又復告匱此當事者所以病於調練之難也
然臣竊思之即燕趙之士固素稱多慷慨之
材而卒未有能一飭練之者其故何歟無乃
屯鹽之政不舉而給餉之期有不時乎兵法
曰千里餽糧士有饑色此飽餒勇怯之勢也
故昔孔明之討漢賊莫急於五丈之屯而唐
宗之夷大難悉仰於江淮之賦彼豈徒為是
擾民哉誠以未戰而不足其食則不可以得

其心將戰而不得其心則不可以用其命耳今邊兵之桀脆既如此而猶苟且支吾不思所以長慮却顧之道則何以振維揚之武而致殷邦之嘉靖也哉故臣即今之時以究調練之宜必也其先理財乎盖必財以爲養庶可以作有勇之氣而底于襄之績也已不然則鬬敵而破膽者既不能戰也而何足與言守枵腹以待哺者既不能養也而何可以加練辟之養身者有七年之病而不蓄三年之艾亦終無得而已矣欲中外之寧謐也胡可

得哉雖然天下之事非知之難而行之難人
君之道非求言之貴而用言之貴故知而弗
行猶弗知也求而弗用猶弗求也臣伏讀
聖制有曰朕日夜圖謀安攘之策莫急於斯而行
之靡效其故何歟臣以為
陛下特未實行之而臣下亦未能實奉承之耳果
日行之而靡效則彼成王所以致四十年之
太平我
二祖所以垂二百年之善治者果虛語也而抑別
有要機之執以為振舉之術也哉臣以為聽

言貴廣也而察之尤不可以不明察言貴明
也而行之尤不可以不斷伏覩
皇祖之訓有曰內外大小官員其言當理即付所
司施行諸衙門毋得阻滯是言也其兼明與
斷而出之者矣故臣願
陛下奮精明之氣大明作之功穀所當貴也則斷
然以貴之而不狃於近利之私將所當重也
則斷然以重之而不惑於一偏之見屯田鹽
法以次而舉戰守調練相機而行其始也簡
衆賢以使之而不賢者弗庸其既也分衆職

以任之而不職者必黜賢否欲明以辨昭然
如日月之行於天而光不可掩也賞罰欲必
以信轟然如雷霆之鼓於天而威不可測也
然後君宰其權臣能其事上作其氣下效其
能守令司民牧者誠知重農而勞心於撫字
則國無不闢之野而野無不耕之民者可幾
也而何游民不歸農之患哉將帥司兵柄者
誠知奮武而盡力於封疆則士無不振之氣
而國無不伸之威者可幾也而何夷狄不率
服之患哉蓋惟明克允惟斷有成者既並用

而不偏故內安中國外攘四夷者斯無舉而
不遺周成王之治固不得專美於前而我
祖宗之業之盛又將廓大而增光之矣此非要機
之所在而所當振舉者哉抑臣又有
獻焉心也者萬化之原而明與斷所從出者也
使其心純乎天理之公而絕無人欲之私則
明斷固渾然而在茍一以私蔽之則明有時
而昏一以欲累之則斷有時而失其何以主
宰化機而役使羣動哉宋儒范氏曰君心唯
在所養故臣願

陛下存養省察以體其心精知力行以強其心廣詢博采以大其心親賢遠佞以純其心一念之萌則曰我其忘稼穡之艱矣乎一慮之興則曰我其忘戎兵之詰矣乎然後心無不存而可以全明斷之德可以保安攘之功此臣之愚忠惓惓而不已也伏惟

陛下少垂察焉則臣愚幸甚天下幸甚臣草茅賤士不識忌諱干冒

天威不勝戰慄之至臣謹對

臣黃鳳翔

臣對臣聞帝王之馭天下有治法之立焉興化之大務也有治人之用焉運化之大機也夫天下之政莫大乎兵農農以力本而斯民有所取給則國家之元氣賴之以益培兵以奮武而斯民有所防衛則國家之神氣賴之以益張此其所係固甚大也然法之不立則紀綱廢弛求治雖切而無以享其成功用匪其人則舉動乖方置法雖煩而無以收其實效帝王有見於此故稽古之制酌今之宜而

張弛維時師其意不泥其迹焉天下之治法
立矣稽之於衆斷之於獨而簡嚴惟當委之
任以責其成焉天下之治人得矣治法治人
合二者以相濟則由是而足食可以成內修
之績由是而足兵可以弘外攘之烈尚何化
理之不可興哉欽惟
皇帝陛下稟聰明睿智之資具
聖神文武之德自
御極以来下優恤之
詔恩同雨露矣錄敢言之臣

量同覆載矣慮臣工之不職而振刷之法申重
於銓曹
明並日月矣懲醜虜之不恭而武備之防嚴督
於將帥
威如雷霆矣
日視外朝未央之懿範也
躬耕耤田康功之遺意也治法治人一時兼振
海隅蒼生引領翹望思見德化之成久矣茲
萬幾之暇進臣等於
廷盡之

清問惓惓然興化致理是圖謂非望道未見之
誠居安思危之慮乎臣幸際
明時敢不攄一得之愚以對竊惟帝王位天地
之中承君師之統握民物之紀係華夷之望
所以運量於九重而宰制乎六合者其為道
誠多端而不可以勝窮矣然天下之大命莫
重乎農而小民之依深宮之所當念也天下
之大防莫重乎兵而武備之修盛世之所不
諱也當務之急孰有先焉者乎考之周禮有
大司徒掌都鄙之職而以稼穡登萬民有小

司徒會卒伍之數而以四時教戰法是周公所以體國經野思患預防而輔相太平之業者也故其告成王也曰先知稼穡之艱難乃逸又曰其克詰爾戎兵以陟禹之迹夫親政之始天下之務紛然賾矣剏文武培植之餘熈洽之風猶在也奕世承平之後窺伺之隙未開也而遷教之以稼穡導之以詰戎自常情觀之其說若近於迂緩者不知忠臣愛君必防其漸憂治世而危明主亦人臣無已之心也不念天下之至勞何以享天下之至逸

不思天下之至危何以保天下之至安周公告君之意固如此蓋至千畝不耤而周道寖微武備懈弛而戎狄交侵然後知周公之言其慮患誠深而貽謀誠豫也於戲以天下之廣望治於一人之身以萬世之圖取決於一時之近而勞逸安危之端則始於一念而已識其端則人與法兼舉焉而天下之治以成昧其端則人與法俱廢焉而天下之治以塞為人君者盍亦加之意哉洪惟

太祖高皇帝耤田有諭舉后稷樹藝之教述有周

播穀之頌先天下以勸農也

成祖文皇帝務本有訓紀

高皇創業之艱究歷代興替之原教

太子以重本也至於

祖訓所載慮胡戎之窓逼而豫乎選將練兵之防

者諄諄然燕翼之必周焉大哉

王言一哉

王心其真無逸之深意詰兵之洪猷乎然創業之

君備嘗民情故其為慮甚遠守成之主坐享

安樂故其保治常疎自古以來孰有知艱詰

戎如我
皇上者哉猶且深憂過計虛懷下問謂彝典雖舉
而實政未孚督責雖勤而武備猶弛欲求足
食足兵之道以追
聖祖之訓臣愚何足以知之而竊有所聞矣敢不
掇拾以
獻夫民之所以日困者食之不足也食之所以
不足者游情之日衆也田野小民終歲勤動
上困征輸之繁下乏俯仰之供其為情亦甚
可憫矣乃黃冠異流游談而坐索厚利行伍

羸卒拱手而虛費廩祿為百姓者孰無好逸
惡勞之心而肯自勞以養此無用之輩哉邊
警之所以屢聞者醜虜之孔熾也醜虜之所
以孔熾者中國之無備也戎狄之性伺隙而
發進雖蓄蠆毒之心退猶懷狼顧之慮其初
豈敢以遽逞者乃嘯聚而入無險阻藩籬之
隔鹵掠而去無亡矢遺鏃之費為北虜者狃
於屢入屢獲之利亦何憚而不萌覬覦之思
哉比年以來竭民之膏脂以養兵而兵未嘗
飽塗兵之肝腦以衛民而民未嘗安是宜其

仰壓
聖衷而宵旰不遑矣為今日内修之計必也使游惰之民盡歸南畝而其為道也豈必以勢驅之耶方今天下之田定額猶故而東南之地多沃壤西北之地多瘠鹵者固可酌其宜而通之也倣限田之例薄稅斂之征董仲舒之策不有可用乎去五穀之蠹省徵發之期賢良之言不有可追乎貴穀粟而賤金玉補不足而勸農功鼂錯之謀不有可舉乎斟酌損益循而行之則國無不供之賦民亦無不厚

之生彼見夫為農之有其利而偷惰之無所容也安得不羣然相率以自歸於農哉然此其足民之本也而屯田鹽法又所以濟其不及者也 臣請以屯鹽之舊言之

國初之制分屯蟻聚而更番迭休輸粟中鹽而自為耕種是兵固農也商亦農也務農重本之意其詳且密如此厥後兼併之弊起而舊額僅存復鞠為榛莽之區折色之議興而儲蓄既竭復斂以工本之利商農俱困邊需告匱其害職此之由耳是故豪右併吞之田所

當稽也而汙萊不治者修之歲入之多寡勿
浚求焉漢人之所謂便宜或可以圖其八九
也上納本色之例所當復也而種田待輸者
聽之穀粟之貴賤非所論焉宋人之所謂三
害或可以省其一二也稽覈明而世業定弊
端塞而利源開由是闢開墾之規重正引之
途而私役戍卒夾帶私鹽者申之令甲昭如
也則民樂於農而保伍之聚皆營田之卒民
樂於商而逐末之衆皆務本之資欲使民力
本而不失業者此實不為無助矣邉計之乏

奚憂哉為今日外攘之計必也使南侵之虜不返隻輪而其為道也豈徒以倖勝之耶虜之至也必有先聲而亦有匿形以詭我易禦以疑我者其情皆可預覘而覺也先居其隘盈以待敵法不云地形可擊乎夜戰多火鼓晝戰多旌旗法不云難知如陰乎避其鋒銳邀其惰歸法不云先治其氣乎因時出奇伏而制之則我有必勝之算敵有必敗之形彼見夫主客之勢既殊而勝負之數亦異也亦安敢肆然跳梁以憑陵我中國哉然此其應

敵之權也而訓練土兵則尤所以圖之於豫

者也　臣請以兵制之舊言之

國初之制衛所錯峙而九邊聯絡騎步相參而

五兵互用地各為守也人各為戰也折衝禦

侮之畧其詳且悉如此今也列障分圻而寇

至莫禦曷嘗見其有守之實登垣對壘而敵

去不躡曷嘗聞其有戰之名土兵之不訓徵

調之是恃其弊實使之然耳是故徵兵滿萬

不如召募數千韓愈氏所謂大弊也今日調

客兵之議不可以莫之罷也籍民校閱而精

兵爲諸道最李抱眞之所已試也今日練土
兵之議不可以莫之行也客兵不調而芻餉
省土兵旣練而士氣倍由是勤蒐閱之法倡
勇敢之風而委靡自廢賈勇欲前者一之刑
賞較如也則進可以戰而破銳摧堅立於不
敗之地退可以守而投石超距蓄乎不用之
勇欲一舉而大創之使虜不敢窺者此實有
以爲之本矣徵調之兵奚賴哉雖然邊餉之
告乏久矣北虜之匪茹非一日矣司國計者
握算而籌志封疆者請纓而奮淸查之使持

斧四出分閫之臣仗鉞相望顧今日建議明
日報罷今日畫戰明日畫守而竟不能興民
利宣德威以裨
廟謨之萬一豈利之終不可興兵之果不可用
哉殆必有其故矣伏讀
聖制有曰機要所在未克振舉故人罕實用功難
責成斯言也懇惻圖治之懷明見萬里之拓
也臣試以今日之機為
陛下陳之蓋天下無不弊之法而善救弊者存乎
人天下有可用之人而善用人者存乎君方

立法之初豈有不善而所以日趨於弊者非始於紛更之為害則始於玩愒而不振歲月因循積弊愈深其間沿革損益之宜張弛闔闢之用殆有未易辯者況地形異而事體殊鋒鏑交而機會變成敗之相為倚伏利害之相為輕重苟非善用人以圖之未有能濟者也故夫今天下之勢譬之富室子孫貲財盡耗付之善理家者為之補緝而生殖之猶可以復其父祖之舊譬之尫羸之夫精神丰采枵然消剝委之善醫者以培其命脉而壯其

榮衛始能興衰起仆以不蹈於危亡之憂用
人之道其所係於天下者甚大也迺今之用
人則有可慨者內外偏重而登仙之想復見
於今矣小大遞遷而貫魚之誚復蹈於昔矣
賢能著績者以簡伉而被搆是悃愊之劉方
不獲上考也才力可用者以細故而永黜是
罪累之李靖不獲見庸也官不久任而或再
歲一調或一歲再更縱有七年而足民三年
而知方者何以究其用也事從中制而一動
必經奏請一請輒延歲月縱有老成如充國

善兵如頗牧者何所展其技也運司藩臬以屯鹽為名者何限而復置總理之職以統之必諸司多鰥曠之官也而可以不覈其實乎兵備提督以防邊為寄者何限而復遣巡邊之臣以察之是廟堂無督察之術也而可以不究其原乎夫張官置吏以為民也一官之出百家供具一將之遣百夫呵擁其所靡費而勞竭者盡斯民之膏脂國家之物力也顧用之而不得其人與夫用之而未得其道則於兵食之大計焉攸賴而奚紛紛焉以此輩

為也臣顧
陛下參與論之公持獨斷之明擇於諸臣中而用
之上自監司下至守令必其能體
陛下重本之心者也內自本兵外至督撫必其能
體
陛下詰戎之心者也均內外之勢使疎遠者樂於
自効破資序之格使下位者知所自奮稽政
績於論列之外采名不如采實也錄才能於
罪廢之中使功不如使過也功之濟也增秩
以示賞功之未濟也加意以責成使得安其

職業而勿以歲月計焉可也暫費而永寧者
不謂之糜財一勞而永逸者不謂之厲民使
得便宜從事而勿以文法拘焉可也某廉
吏必考其所以廉者何如某也能吏必考其
所以能者何如是參驗之法所當詳也而曠
官其有所懼乎有功必賞而冒濫者之罰不
宥焉有罪必懲而規避者之責尤重焉是振
飭之規所當舉也而督察其有不周乎明斷
運於
宸衷而精神通於寰宇黜陟公於廊廟而勸懲昭

於域中使文武百職大小臣工咸洗心滌慮
効忠宣力之恐後此之謂以天下之治人立
天下之治法以天下之大機圖天下之大事
而
陛下之所以躬耕耤田博求長策有不徒為飾治
之彌文者由是國賦可充不加稅而用自足
矣國威可振兵革不試而四夷賓服矣所以
弘
二祖之烈而追有周之盛者寧有外於是哉雖然
此輔弼諸臣之責也不足以煩

陛下之慮也臣猶有根極本原之說敢冒昧為
陛下言之竊嘗反覆無逸大旨皆在敬德之一言
而立政之陳雖綴衣虎賁亦戒以知恤焉即
此敬慎憂恤之心乃知艱詰戎之本圖之不
可以不豫者也况人君一心之微衆欲攻之
一念不謹則讒諂面諛之人得以投其間豫
大豐亨之說得以售其欺而聲色貨利逸遊
淫樂將並起而乘之矣又惡知稼穡之艱難
戎兵之當詰也臣願
陛下常存此心日新其德主敬以檢束之講學以

涵養之親賢人君子以維持之知微之顯有
宥密緝熙之誠慎終如始有惟懷永圖之念
民雖安矣如傷之視猶故也外雖寧矣內憂
之慮不忘也見
祖訓於羹墻監成憲以無愆則內外無患之休
社稷無疆之慶端有賴於是矣草茅之臣不識
忌諱干冒
天威無任隕越悚懼之至臣謹對

臣趙志皐

臣對臣聞帝王之繼天以御極也固必有經天下之宏規尤必有宰天下之要務夫人君以一身任天下之重則內而民生之當厚外而民患之當防皆為天下之宏規而所以持之於上也不可不定其志然不能以一身理天下之煩則選賢以治內因能以捍外皆為天下之要務而所以理之於下也不可不得其人定其志以擴宏規則內無不安外無不攘有併包兼覆之度而天下之政體以立得

其人以急要務則德無不被威無不振有旬
宣屏翰之績而天下之治功以成然則上承
天命而使天下各得其所者固人君圖治之
心上體君心而使天下各就於理者乃人臣
分治之責得其道則天下之治可不勞而成
失其道則天下之治日見其弊矣此自古為
治之要道而於今日之務尤其所當慎者也
欽惟
皇帝陛下
聰明天縱

仁孝夙成
推誠愛民
勵精圖治中外人民莫不翹首企足以思見德
化之成矣値今
臨御之二年首舉
策士之大典
恭己臨軒
虛心賜問惓惓於務本重農治兵脩備之術此
可以仰窺
陛下求治汲汲之心矣臣竊思之

陛下今日之問是
陛下策士之始也微臣今日之對是人臣告
君之始也於告
君之始而不能披瀝罄竭以盡其誠則於他日立
朝之際而九可以自便其身者將無所不至矣
臣不敢也謹請因
明問而敬陳之臣聞治天下之道有天下之大
本有天下之大防何謂本農事是也何謂防
兵戎是也蓋自民生不可一日失其養也是
故重之農以裕民之養焉有井牧之制有樹

藝之教有勸相之恩有補助之政凡可以使民盡力南畝而不妨力穡之勤者無不為也自民生不可一日不安其居也是故治之兵以固民之防焉有卒伍之陳有車騎之列有簡閱之規有練習之法凡可以使民日閑武事而豫其備禦之術者無不為也盖民事不重則內無以成順治之功武備不脩則外無以振威嚴之績是以聖王慎之至於周而益加詳焉成王承文武之後家給人足而樂利之深仁正洽文恬武熙而永清之遺化猶存

周公相之於其初親大政也無逸一篇告以稼穡艱難之道立政一書陳以克詰戎兵之謨是非過慮也蓋忠臣愛君必防其漸而足食足兵固王政之首務爾周治之隆有由然哉三代而下無暇論矣仰惟我

太祖高皇帝肇造區夏念天子耤田千畝所以供粢盛為天下先也於洪武初年

詔示來春舉行耕耤之禮

特宣諭廷臣引后稷樹藝之詠及成王之所以頌播百穀者以致勸敎之意其慮急民依者何

重也
成祖文皇帝恢拓洪基念
皇太孫生長深宮不知稼穡之艱難也於
巡幸北京使周行村落歷觀農桑勞苦之事
特訓以務本引
太祖創業之艱及往古得失可為鑒戒者以致飭
勵之意其志篤民生者何切也及觀
祖訓以四方諸夷皆限山隔海不可無故興兵又
以西北邊境密邇胡戎必選將練兵時謹備
之其所以為居安忘備之戒者又何其計深

而慮遠也夫重農以安內而使國本之日固
治兵以攘外而使國勢之日尊此其所以先
後一心創守一道遠邁乎文武之盛而為萬
世
聖子神孫之所當法守者矣恭惟
陛下御極首發
德音與民更始屢布善政與民化裁如節用而愛
人遇災而
省己
臨朝遵昧爽之規

納諫存包荒之量
開經筵以求治理
幸太學以隆師儒蠲逋負之租罷冗費之征而
厚下之恩著申赦宥之條辨冤抑之獄而欽
恤之仁孚
宗社無疆之休太平有象之徵端有在矣邇者
躬耕南郊重大本以示天下
屢勅邊吏求長策以固疆圉蓋心
二祖之心而覲揚其
光烈固不啻庶幾乎知艱詰戎已也迺

聖問以彝典雖舉而實政未孚督策雖勤而武備
猶弛日圖安攘之策以求機要之所在且
令臣等具便民益國者以聞臣草茅下賤何足
以明當世之務然亦目擊時弊不敢不抒情
素竊聞
國初計畝定賦民皆力耕而又廣屯田開鹽額
使衆商慕加倍之利於沿邊腴地募人墾種
圖上本色以便支鹽故國用饒而邊儲裕以
人皆務實惠也今浮惰益衆田皆汚萊豈農
事終不可舉耶由奉行

陛下之德意者不得其人耳夫畎畝小民沾體塗
足竭終歲之力獲升合之需不足以供國賦
充私囊已噍然喪其樂生之心而貪吏又肆
為侵牟征派百出叫囂乎東西隳突乎南北
使雞犬不得寧焉柰之何驅民樂而為農也
若夫屯鹽本相為表裏自折色例行商人不
得以種田上本色為己業而各屯亦因之以
抛荒於是
聖祖良法盡壞而邊儲往往告乏者非一日矣故
欲務本重農莫若先守令使布列庶位者皆

龔黄其人焉而又限久任之法嚴勸懲之典巡行阡陌者必勞来之有加荒棄田土者必譴責之不貸彼將思曰

天子與我以是任者與我能安民也視小民之失所若疾痛之在身不思所以興其利而去其害乎不然雖日下勸農之詔亦以為虛文而已民之不耕不知也民之不穫不知也間有勉而行之者亦所謂好煩其令若甚憐焉而卒以禍者於民事有何補耶甚矣守令之為要也守令得人而又選大臣以撫綏之使守

令得以行其志則天下無不耕之民可以使之力本而不失其業矣至於屯田之制中鹽之利久廢成法而爲商農之困者安可不復耶蓋田不屯則用農以餉兵者終不得寧軌鹽不中則輸粟以餽邊者未可以息肩故必於屯政之當脩者脩之見存之田履畝正界而不使乾沒於豪右失耕之業督軍力作而不使委棄於屯營則鹵莽之地皆爲膏腴而可以省轉輸之勞矣於鹽課之當舉者舉之復開中之規而勢家攬中者置之以法而不

貨申常股之制而私販横行者嚴之以禁而
不容則山澤之利不致棄遺而可以爲飛輓
之助矣此培國家之元氣者所以在得人也
茍非其人則上下狃於因循而公私遂爲之
困詘欲安内其可得乎
國初設衛立營兵皆習戰而又時數閲嚴節制
使尺籍懐素養之恩於沿邊墩臺乘時哨探
謹傳聲息以便戍守故兵威振而烽火息以
人皆務實績也今醜虜匪茹警報歲聞豈虜
終不可創耶以布

陛下之天威者不得其人耳夫鎮邊戍守披霜觸露竭三尺之軀枕干戈之役不足以養父母畜妻子已悄然奪其敵愾之心而債帥又恣為掊尅役占相望使耳不聞乎金鼓目不見乎旌旗故烽堠淪於湮廢馬羣之何制虜之不南窺也若夫戰守本相為依倚自本鎮勢弱當事者不得不遠調客兵為策應而他鎮亦因之以空虛於是

聖祖洪算盡廢而虜患在在滋蔓者非一方矣故欲治兵備莫若先將帥使分司閫外者皆

頗收其人焉而又假便宜之權信賞罰之令
有功必録也毋撓以中制之私有罪必誅也
毋拘以文法之細彼將思曰
天子畀我以是寄者冀我能禦狄也視邊鄙之不
寧真若門庭之失守不思所以備其患而峻
其防乎不然雖日廑防邊之慮要亦以為故
事而已將之玩兵者如故也兵之畏寇者如
故也間有勇而為之者亦所謂隨時補塞而
取辦於文具焉者於邊事有何補耶甚矣將
帥之為要也將帥得人而又選大臣以鎮輯

之使將帥得効其力則天下無不練之兵可以使之禦虜而作其氣矣至於戰守之策主客之兵各持異議而為道旁之計者安可不决耶盖戰陣無勇則固守愈踈主兵不練則客兵難撤故必取行伍而鼓舞之足其衣糧精其器械習其騎射使有投石超距之勇而力可以攻及遇敵之至也據險阻以邀擊之則戰守在我而自不制於人矣募土兵而稽閱之厚其犒勞比其紀律恤其身家使有利害迫切之情而志求自捍每遇寇之入也塞

要害以共拒之則主兵強盛而客兵自可罷矣此張國家之神氣者所以在得人也苟非其人則大小安於文飾而邊境遂為之敗壞欲攘外其可得乎是知重農桑興屯鹽明戰守練土着安攘貴於兼舉誠天下之宏規不可不圖者也然安內由於慎守令攘外由於擇將帥明斷貴於並行此又天下之要務不可不講者也克振舉之以天下之治人行天下之治法運天下之大機弘天下之大業則

陛下所謂人罕實用功難責成者皆不足慮而我

皇祖垂訓貽謀之深意庶可以體之矣雖然是道
也又豈可責之人人哉在
陛下一心而已昔孟軻論定國以為人不足適政
不足間而惟在於君心之正董仲舒推四方
遠近之莫敢不正而本之曰正君心以正朝
廷正朝廷以正百官是君心者萬化之原也
故古昔隆盛吏非皆良將非皆賢也由人君
憂勤惕勵於其上內即田功外嚴武備措天
下於安富輯寧之地則雖不期將吏之得人
而人自感發以興起矣爰及後世變非皆不

肯將非皆庸懦也由人君宴安怠惰於其上罔恤民艱罔虞外患置田里邉鄙於不聞則雖欲將吏之得人而人亦不能振作以有為矣轉移之機在上不在下責成之本在君不在臣

陛下誠以安內為心而宵旰憂勤不能以自已以攘外為念而晝夜圖惟不容以自釋一日之民務未登一日之隱憂未忘也孜孜焉必求循吏如古召見親問璽書增秩期至安民而後已則凡為守令者孰敢不上體是心而勉

圖職業哉一日之邊防未固一日之遠憂未
舒也汲汲焉必擇賢將如古推轂分閫拊髀
憂思期至克敵而後已則凡為將帥者孰敢
不仰承是意而砥勵功能也哉不然居九重
之上而忘情於民事之微處深宫之中而肆
志於外寧之後乃欲責守令將帥以實用以
成功臣未見其能易從矣伏願
陛下以是心為主而常惕焉毋怠於治毋忘於久
講學以明之主敬以存之親近君子以維持
之凡聲色之私貨利之誘遊畋之樂玩好之

供足以蕩心者皆禁止而不為動焉則君心一而天下之治成矣昔宋儒張栻以[illegible]陛七月書之無逸為帝王傳心之要法而周公之告成王曰無怠無荒四夷來王是心也又安內攘外之本也臣不佞敢以為今臣[illegible]干冐[illegible]不任戰兢隕越之至臣謹對

會試錄序

聖天子登極之二年是維戊辰當
會試天下士天下士挾策待
試者四千五百有奇屆期禮
部尚書臣高儀侍郎臣萬士
和以考試官請
上命大學士臣春芳學士臣士儋

典厥事先是海内上計吏同
軌畢至
皇上特降明詔申
祖宗之制嚴營求之防内外諸司
莫不懔懔祗奉將事惟恪諸
所汰黜一時稱允臣惕然曰
令所汰黜非昔所登進者乎

昔以才進今以不肖退則司
校錄者有餘懼矣已
陛辭入院臣乃諗於衆曰此我
皇上龍飛禮闈第一試也匪得真
才曷以仰贊
皇極維新之化凡我同事盍慎哉
衆胥唯唯於是矢心殫力惟

毖惟公校閱既周上請
宸斷取四百人錄其名氏及文之
純者以
獻臣惟虞廷考績雖數言而必
試功周室興賢雖校藝而必
先德行當其時九官十二牧
四臣十人勳庸赫奕照耀千

古而虞周之治號稱獨盛有
以也乃今所校則藝與言耳
藝取其不越於矩言取其不
詭於道斯已矣至於德行之
修於家功業之効於
朝廷者豈能懸度而遥覩之乎
脫有偷德隨行試之罔功者

出於其間爲
盛世累異日即汰黜之其辱制
科甚矣謂主司何則臣之懼
也滋甚雖然臣有所覘而知
其不然也卷阿之詩不云乎
鳳凰鳴矣于彼高岡梧桐生
矣于彼朝陽言賢才待時而

出也惟我
皇上以
聖哲之資
履亨昌之運
茂膺駿命
恢闡鴻猷
鋭意康時

虛心納善薄海內外莫不喁然
嚮風譬則日之始旦曦光融
晰也時之方春品彙忻忻發
榮也
聖作物覩此非其時乎矧我
二祖豐芑之仁培植者厚
列聖菁莪之化滋溉者深而我

世宗肅皇帝中興建極久道成化
其所以漸摩陶鑄者益深且
厚寧無儁特茂異之才以應
今日之求者哉及校其藝皆契
合軌轍斐然成章其發攄性
術則天德之與也其敷陳治
紀則王道之具也其誦述往

昔則皇王之緒也即其先資
之言而効之用者可睹矣行
將奉對
大廷布列有位在郡邑則溥循
良之惠在藩臬則樹屏翰之
績在臺省則著精白之風俾
程能課功者無得而訾議焉

庶其可以仰裨
新政之萬一乎然亦在諸士之自
効而已矣夫士之窮居學道
期以用世存之爲德行措之
爲事功不以亨達而改其素
則皋夔周召之業可致也爾
諸士見錄有司且當

聖皇臨御之初
法紀修明之日凡可以行其志
者皆得展布四體而爲之矣
可不知所以自効乎是故志
士每乘時而樹績忠臣不負
主以殖私遇
仁聖之主而罔知自靖是負

君也謹
昌隆之運而罔以自見是負時
也殫竭忠藎茂建殊勛報
主濟時以上追虞周俊哲之遐軌
則豈惟諸士獲免黜罰而臣
亦藉是以逭責矣爾諸士其
尚念之哉其尚念之哉是役

也同考試官則修撰臣時行
編修臣士章臣有丁臣自華
臣經邦臣子義臣洵檢討臣
偕春臣淵臣憲臣啓愚都給
事中臣治左給事中臣大經
臣卣郎中臣一儒主事臣一
槐臣彬監試則御史臣好問

臣杰寔相與成事而御史臣
謝廷傑臣劉世曾則防檢於
外視昔加嚴例得並書云
光祿大夫柱國少傅兼太子
太師吏部尚書建極殿大學
士李春芳謹序

隆慶二年會試

知貢舉官

資政大夫禮部尚書兼翰林院學士高儀 子象浙江錢塘縣人 辛丑進士

通議大夫禮部右侍郎萬士和 思節直隸宜興縣人 辛丑進士

考試官

光祿大夫柱國少傅兼太子太傅吏部尚書建極殿大學士李春芳 子實直隸興化縣籍 句容縣人丁未進士

禮部尚書兼翰林院學士掌詹事府事殷士儋 正甫山東歷城縣籍 武定州人丁未進士

同考試官

翰林院修撰承務郎徐時行 汝默直隸吳縣籍長 洲縣人壬戌進士

翰林院編修文林郎林士章
德斐福建漳浦縣人
己未進士

翰林院編修文林郎余有丁
丙仲浙江鄞縣人壬
戌進士

翰林院編修文林郎李自華
元實浙江嘉善縣籍直
隸華亭縣人乙丑進士

翰林院編修文林郎陳經邦
公望福建莆田縣人
乙丑進士

翰林院編修文林郎周子義
以方直隸無錫縣人
乙丑進士

翰林院編修文林郎戴洵
汝誠浙江奉化縣人
乙丑進士

翰林院檢討徵仕郎林偕春
孚元福建漳浦縣人
乙丑進士

翰林院檢討徵仕郎沈淵
子靜山東新城縣人
乙丑進士

翰林院檢討徵仕郎成憲
君[illegible]薊州衛籍
[illegible]人乙丑進士

翰林院檢討徵仕郎高啓愚 敏南四川銅梁縣人乙丑進士

吏科都給事中王治 本道山西忻州人癸丑進士

徵仕郎吏科左給事中鄭大經 正之浙江西安縣人丙辰進士

徵仕郎禮科左給事中張鹵 召和河南儀封縣人己未進士

奉議大夫吏部考功清吏司郎中劉一儒 孟真湖廣夷陵州人乙丑進士

承德郎戶部河南清吏司主事蔡槐 景明福建晉江縣人己未進士

承德郎兵部職方清吏司主事蔣彬 原中直隸吳縣人己未進士

監試官

文林郎河南道監察御史王好問 裕卿直隸樂亭縣人庚戌進士

文林郎河南道監察御史郝　杰（彥甫山西蔚州人丙辰進士）

提調官

承德郎禮部儀制清吏司署員外郎事主事張　逵（次上四川巴縣人壬戌進士）

承德郎禮部祠祭清吏司署員外郎主事徐用檢（克賢浙江蘭谿縣人壬戌進士）

印卷官

奉政大夫禮部儀制清吏司郎中戚元佐（希仲浙江嘉興縣人壬戌進士）

承直郎禮部儀制清吏司主事鍾　嵏（仲謨江西南昌縣人壬戌進士）

收掌試卷官

徵仕郎中書舍人李　兊（通甫浙江餘姚縣人官生）

大理寺右寺右評事高[illegible]　以德 [illegible]

受卷官

直隸永平府推官高應仁　[illegible]河南新蔡縣人 甲午貢士

直隸大名府開州知州濮陽　洪謨 直隸石埭縣人 乙丑進士

直隸大名府開州長垣縣知縣趙焞　子明 山東平原縣人 乙丑進士

直隸真定府元氏縣知縣支齊　士希 四川梁山縣人 乙丑進士

彌封官

直隸真定府定州知州潘志伊　嘉徵 直隸吳江縣人 乙丑進士

直隸真定府真定縣知縣顧綬　子印 山東臨清州籍 直隸吳縣人 乙丑進士

直隸真定府冀州東強縣知縣李學詩 子興河南安陽縣人乙丑進士

直隸河間府任丘縣知縣周繼 善卿山東歷城縣人乙丑進士

謄錄官

順天府通州寶坻縣知縣潘民模 子倣湖廣貴陽縣人壬戌進士

順天府薊州遵化縣知縣劉鼎從 簡之河南汲縣人乙丑進士

直隸河間府河間縣知縣褚鈇 民威山西榆次縣人乙丑進士

直隸大名府內黃縣知縣王庭詩 言卿陝西華州人乙丑進士

對讀官

直隸松江府同知劉鴻翔 宇卿福建閩縣人癸卯貢士

浙江紹興府山陰縣知縣張峅 子靜直隸開州人壬戌進士

直隸保定府蠡縣知縣王元賓 國賢山東滕縣人乙丑進士

直隸順德府邢臺縣知縣常存仁 靜甫山西高平縣人乙丑進士

巡綽監門官

河南彰德衛指揮使王繼功 汝大直隸[illegible]縣人

河南河南衛指揮同知張岳 宗武直隸桐城縣人

山東臨清衛指揮同知張京 子幾山東滕縣人

山東濟寧衛指揮僉事張啓運 [illegible]直隸江[illegible]縣人

直隸六安衛指揮僉事傅勲 [illegible]臣山東嘉祥縣人

山東沂州衛指揮僉事顏如蘭

供給官

承德郎禮部精膳清吏司主事王宜 時行福建莆田縣人 壬戌進士

承德郎順天府通判陳時伸 元晉南京太醫院籍 浙江鄞縣人乙卯貢士

順天府兗平縣典史劉麂 希文福建莆田縣人 吏員

順天府大興縣典史趙繼戚 世英浙江新城縣人 吏員

第壹場

四書

子曰由誨女知之乎知之爲知之不知爲
不知是知也

子曰舜其大知也與舜好問而好察邇言
隱惡而揚善執其兩端用其中於民其
斯以爲舜乎

吾豈若使是君爲堯舜之君哉吾豈若使
是民爲堯舜之民哉吾豈若於吾身親

見之哉天之生此民也使先知覺後知使先覺覺後覺也予天民之先覺者也予將以斯道覺斯民也非予覺之而誰也

易

泰小往大來吉亨則是天地交而萬物通也上下交而其志同也內陽而外陰內健而外順內君子而外小人君子道長小人道消也

王假之尚大也勿憂宜日中宜照天下也
易與天地準故能彌綸天地之道
君子修此三者故全也

書

無教逸欲有邦兢兢業業一日二日萬幾
無曠庶官天工人其代之
導嶓冢至于荊山内方至于大别岷山之
陽至于衡山過九江至于敷淺原
是之謂大同身其康彊子孫其逢吉

昔在文武聰明齊聖小大之臣咸懷忠良
其侍御僕從罔匪正人以旦夕承弼厥
辟出入起居罔有不欽發號施令罔有
不臧下民祗若萬邦咸休

詩

有嚴有翼共武之服共武之服以寧王國
儀刑文王萬邦作孚
三后在天王配于京王配于京世德作求
永言配命成王之孚成王之孚下土之

式永言孝思孝思惟則媚茲一人應侯

順德永言孝思昭哉嗣服

敷天之下裒時之對時周之命

春秋

夏公追戎于濟西莊公十有八年

衛侯使甯俞来聘文公四年吴子使札來

聘襄公二十有九年

城費襄公七年春叔弓帥師圍費昭公十

有三年

春王正月公會齊侯宋公陳侯衛侯鄭伯
許男曹伯侵蔡蔡潰遂伐楚僖公四年
夏四月己巳晉侯齊師宋師秦師及楚
人戰于城濮楚師敗績僖公二十有八
年三月公會劉子晉侯宋公蔡侯衛侯
陳子鄭伯許男曹伯莒子邾子頓子胡
子滕子薛伯杞伯小邾子齊國夏于召
陵侵楚定公四年

立太保少傅以養之欲其知父子君臣之
道也太傅審父子君臣之道以示之少
傅奉世子以觀太傅之德行而審喻之
太傅在前少傅在後入則有保出則有
師是以教喻而德成也師也者教之以
事而喻諸德者也保也者慎其身以輔
翼之而歸諸道者也記曰虞夏商周有
師保有疑丞設四輔及三公不必備惟
其人語使能也

禮樂皆得謂之有德

邇臣守和宰正百官大臣慮四方

聖立而將之以敬曰禮

第貳場

論

明君以務學爲急

詔誥表 内科一道

擬漢賜天下今年田租之半詔 文帝二年

擬唐以裴度同平章事誥 元和十年

擬宋以田錫爲左拾遺謝表太平興國六年

判語五條

同僚代判署文案

見任官輙自立碑

禁經斷人充宿衛

從征守禦官軍逃

聞有恩赦而故犯

第叁場

策五道

問國之大事在祀而

南郊又祀典之大者是以先王隆之也其禮制

文質之辨可得聞歟或有爲內心外心

之說者然歟否歟大舜陟位首類上帝

武王受命禮先柴望當其時道化熙洽

海宇太和有由然也秦漢而下典制紛

然邪正同異之論蠭起矣果孰爲當歟

我

太祖高皇帝創造函夏修明典制
登極之初首舉郊禋先期陰雨風雪及
省牲升壇開霽和煦昭荷
天監乃有感而作
存心錄以垂訓萬世夫錄祀典也而命曰存
心何歟我
世宗肅皇帝致虔
郊祀輒感甘露之應乃製
欽天記頌其於上下昭格之理闡繹備矣與

存心錄果相符歟亦有相發者歟其
聖誠昭格之顯
皇穹眷荅之隆可得而揚厲之歟我
皇上受
天明命
光纘丕圖肇舉
南郊之典先是天氣凛以肅矣至日乃和煦如
春
登壇之頃星月輝燦

上帝居歆
聖敬昭格赫赫有明徵仰遡
太祖
世宗其後先一揆者歟然所以凝承
昊眷昭嗣
前休以追虞周之盛者固必有其道也爾諸士
其悉心敷陳將以轉聞於
上
問孔子刪遺經以垂訓明正學以淑人所

以一道德同風俗之大本也在昔成周
小史外史之所掌司徒樂正之所典經
無異籍學無他岐周禮載之詳甚可指
而言歟坑焚之後諸書遞作百氏叢興
甚有稱緯以匹經援佛老以附儒者其
謬妄舛錯無論已即以世所崇信者評
之三代以上書散佚者多矣乃或謂汲
冢書爲周書夏小正爲夏書山墳氣墳
形墳爲義農黄帝書何所據歟儒於道

最高而人之命儒也往往多妄兩漢書傳儒林唐書傳儒學宋史別傳儒林於道學之後何所見歟夫周夏之書與漢唐之儒此猶有易辨者乃三墳出五典之上而庠書獨斷自唐虞宋儒多號爲聞道者史顧別之於道學此又何以說也先正方氏嘗謂辨書之法有三程子云今之學者有三弊其說可得聞歟夫後世之書多僞而儒多不純固矣乃有

并疑聖經而訾正學者然則窮經論學
將何所折衷歟在稽古尚志者必有概
於中也試究論之毋畧
問學貴通方器取適用才智之士經世者
之所甚賴也顧世以才智稱者或不免
負俗之累或又用之而靡濟實用則用
人者將安取裁也善論人者莫若孔子
其言曰士慤然後求智則非慤之智聖
人無取矣他日又曰用人之智去其詐

今兩言具在無亦自相左歟抑各有謂
也試以往事質之有屬平大難功蓋一
世者有出入將相望達四夷番有措天
下於泰山與稱旋乾轉坤之力者之數
子者其所表樹卓卓矣果徒才之為恃
歟抑亦有所本歟方今時務多艱
國家需才而用之真宵旦於懷也然論辨低
昂一或不當即國事世風繫之可無慎
乎爾多士固抱才待試者願為我評人

才淑慝之大端將以考志焉

問周官有云議事以制政乃不迷洪範云汝有大疑謀及卿士則制事稽疑未有不用議者然議何所攷歟兩漢盛時議論甚寡並號極治後乃議匈奴議鹽鐵議廟制議置西域議棄涼州議定貢法視昔幾什倍之治顧不逮昔遠甚何歟唐宋議論非不多乃其治復不漢逮其失安在抑議論無關於盛衰之數歟宋

臣有謂謀之貴[illegible]多而
無益不必論已乃獨斷亦或有偏信獨
任之失則謀與斷將孰適從歟夫取信
於謀既病其多取決於斷復嫌於獨然
則天下之議安據也其若何為定說俟主
國是者采焉毋徒剿[illegible]也
問蠻夷猾夏寇賊姦宄雖唐虞盛時亦不
能無所貴制禦有道耳頃者北虜匪茹
闖我疆圉致厪

聖慮雖挫衂以去然所虔劉亦甚矣南粵弄兵
已非一日岑岡三巢稍從翕薙而惠潮
諸孽又鬨然内訌制禦之策將安出歟
說者謂宣大薊幾輔背吭視西鎮尤切
而粵中寇不盡平且將轉而他之則剥
牀閩越誠不可不亟為之所也乃今之
恒計在北則曰戰守在南則曰剿撫四
者當以何為急歟談守者列埤分障似
矣而僇一隧突未見有全壁也則又當

事戰與當寇首難時嘗試撫之未幾輙叛則撫何可恃與夫守不堅則戰不可撫則剿竟未睹全效必如何而後可底定也

主上明聖詔責當事臣工甚切而詎得泄泄不力圖耶爾諸士目擊時艱抱請纓之志久矣茲挾策來必有自獻而足效者其悉吐之以觀經世之畧

中式舉人四百名

第一名田一儁　福建大田縣學生　詩

第二名張位　江西南昌府學生　書

第三名陳于陛　四川順慶府學附學生　禮記

第四名沈一貫　浙江鄞縣人監生　易

第五名王鼎爵　直隸太倉州人監生　春秋

第六名劉伯燮　湖廣孝感縣人監生　詩

第七名沈位　直隸吳江縣學增廣生　書

第八名李維楨 湖廣京山縣學生 詩

第九名喬因阜 陝西耀州人監生 書

第十名羅徵衍 江西吉水縣學附學生 易

第十一名王用汲 福建晉江縣人監生 禮記

第十二名余懋學 直隸婺源縣學附學生 書

第十三名張孟觀 福建鎮海衛學增廣生 詩

第十四名曹大埜 四川巴縣學生 易

第十五名聶良杞 江西金谿縣學附學生 春秋

第十六名江以東 直隸全椒縣人監生 詩

第十七名黃焯　江西南昌府學附學生　易
第十八名羅璧　湖廣沔陽州人監生　詩
第十九名李樂　浙江烏程縣人監生　易
第二十名辜明試　江西南昌府學生　詩
第二十一名吳自新　應天府江寧縣人監生　書
第二十二名范謙　江西豐城縣人監生　詩
第二十三名陳允升　直隸崑山縣學生　易
第二十四名吳鑑　江西南城縣學生　書
第二十五名喬木　直隸上海縣學生　禮記

第二十六名侯世卿　直隸武強縣學生　詩
第二十七名許承周　直隸崑山縣學生　易
第二十八名毛圖南　直隸吳江縣學生　春秋
第二十九名蕭騰鳳　福建晉江縣監生　詩
第三十名朱賡　浙江山陰縣學生　易
第三十一名陳昌言　四川資陽縣學生　詩
第三十二名羅良禎　四川內江縣附學生　書
第三十三名徐一櫝　浙江西安縣增廣生　禮記
第三十四名許應逵　浙江嘉興縣附學生　書

第三十五名金學曾　浙江錢塘縣附學生　易
第三十六名劉體道　江西新昌縣學生　詩
第三十七名周啓祥　浙江海寧縣學增廣生　易
第三十八名陳嚴之　福建閩縣學增廣生　春秋
第三十九名蔣　科　直隸泰州學生　詩
第四十名華叔陽　直隸無錫縣學附學生　易
第四十一名張　試　浙江蕭山縣學生　書
第四十二名李廷益　福建晉江縣人監生　詩
第四十三名賈三近　山東嶧縣人監生　易

第四十四名汪　審　江西弋陽縣學附學生　書

第四十五名翁金堂　浙江錢塘縣學附學生　詩

第四十六名李　熙　福建晉江縣人監生　易

第四十七名施亮龍　直隷無錫縣人監生　詩

第四十八名張孫繩　廣西臨桂縣學附學生　易

第四十九名鍾庚陽　浙江秀水縣學附學生　書

第五十名邵　陛　浙江餘姚縣學增廣生　禮記

第五十一名程拱宸　福建莆田縣學生　詩

第五十二名陳文衡　江西鄱陽縣學附學生　春秋

第五十三名郭堵　山東曹州人監生　詩

第五十四名楊道會　福建晉江縣學附學生　易

第五十五名戴文宗　江西金谿縣人監生　書

第五十六名陳堂　廣東南海縣學附學生　詩

第五十七名謝廷敬　湖廣景陵縣學生　易

第五十八名詹洪基　福建閩清縣學生　詩

第五十九名梁式　山東冠縣人監生　書

第六十名辛如金　山東恩縣學附學生　易

第六十一名殷濡　直隸常熟縣人監生　詩

第六十二名鮑希頫　山西長子縣人監生　書
第六十三名劉　蔡　順天府學生　詩
第六十四名劉維萬　廣東增城縣學生　易
第六十五名汪　圻　浙江仁和縣人監生　春秋
第六十六名謝　鈞　直隸泗州學生　詩
第六十七名錢　鉞　浙江烏程縣學增廣生　禮記
第六十八名王恩民　雲南臨安衛人監生　詩
第六十九名王　詔　直隸博野縣人監生　書
第七十名章　禮　錦衣衛人監生　易

第七十一名 張仲懽 四川合州州學生 詩
第七十二名 汪在前 直隸歙縣學生 書
第七十三名 杜　循 江西豐城縣學附學生 詩
第七十四名 陸志孝 浙江平湖縣人監生 易
第七十五名 劉加皋 湖廣蘄州學生 書
第七十六名 李　燾 廣東河源縣學生 詩
第七十七名 趙志皋 浙江蘭谿縣人監生 易
第七十八名 張　偲 江西新建縣學附學生 詩
第七十九名 顔容舒 福建晉江縣學附學生 易

第八十名劉不息　山東滋陽縣學生　春秋
第八十一名馮子履　山東臨朐縣學生　詩
第八十二名孫從龍　直隸吳江縣人監生　易
第八十三名劉紹恤　湖廣安陸縣學生　詩
第八十四名魏雲霄　陝西藍田縣學生　禮記
第八十五名王喬桂　湖廣石首縣學生　書
第八十六名張大器　浙江慈谿縣人監生　詩
第八十七名詹貞吉　四川巴縣學附學生　易
第八十八名蔡汝賢　直隸華亭縣人監生　詩

第八十九名鄭　準　直隸吳縣學生　書

第九十名徐應奎　浙江鄞縣人監生　易

第九十一名許　洛　江西南城縣學生　詩

第九十二名党　馨　山東益都縣學生　易

第九十三名闞邦寧　河南原武縣人監生　詩

第九十四名胥孔教　江西廬陵縣人監生　易

第九十五名周思稷　湖廣麻城縣學生　春秋

第九十六名張一桂　河南祥符縣人監生　詩

第九十七名胡友信　浙江德清縣學附學生　易

第九十八名趙雲翔　山東平陰縣學生　書

第九十九名袁一虬　直隸長洲縣學增廣　易

第一百名陳九疇　江西奉新縣學生　詩

第一百一名王琢玉　山東華縣人監生　禮記

第一百二名叢文蔚　南京錦衣衛人監生　易

第一百三名楊沂　四川南充縣學生　詩

第一百四名傑維賢　雲南姚安府學生　書

第一百五名牛可麟　河南祥符縣學附學生　易

第一百六名郝汝松　陝西綏德州人監生　詩

第一百七名張弘毅　廣東東莞縣人監生　易

第一百八名孫汝賓　浙江餘姚縣人監生　詩

第一百九名陸萬垓　浙江平湖縣人監生　書

第一百十名張捷城　湖廣江陵縣學生　易

第一百十一名焦玄鑑　直隸太平縣人監生　詩

第一百十二名宋伯華　山東益都縣人監生　春秋

第一百十三名黃猷吉　山東臨清州學生　詩

第一百十四名祝世喬　浙江海寧縣學生　易

第一百十五名于鯨　山東歷城縣學增廣生　詩

第一百十六名王之士　山東鄒平縣學生　書

第一百十七名穆煒　江西南昌府學附學生　詩

第一百十八名蔡文範　江西新昌縣學附學生　禮記

第一百十九名劉光國　河南上蔡縣人監生　詩

第一百二十名吳道邇　福建漳州府學附學生　易

第一百二十一名趙允升　山西代州人監生　詩

第一百二十二名馬伋　湖廣江陵縣人監生　易

第一百二十三名李梧　四川納谿縣學生　書

第一百二十四名鄒學柱　浙江餘姚縣學附學生　詩

第一百二十五名　史邦直　山東樂陵縣學生　易

第一百二十六名　黄鳳翔　福建晉江縣學附學生　春秋

第一百二十七名　宋堯武　直隸華亭縣學增廣生　詩

第一百二十八名　沈思孝　浙江嘉興縣學附學生　書

第一百二十九名　葉明元　福建同安縣儒士　詩

第一百三十名　周　紹　直隸太倉州學增廣生　易

第一百三十一名　程　沂　湖廣咸寧縣人監生　書

第一百三十二名　方學孟　江西浮梁縣學生　詩

第一百三十三名　詹世用　江西弋陽縣學生　易

第一百三十四名　李仕華　四川宜賓縣學生　詩

第一百三十五名　張嶺　江西南城縣學生　禮記

第一百三十六名　蔣以忠　直隸常熟縣學附學生　詩

第一百三十七名　霍希夔　山西應州人監生　易

第一百三十八名　劉世賞　四川巴縣學增廣生　書

第一百三十九名　陸從平　直隸華亭縣學附學生　詩

第一百四十名　朱孟震　江西新淦縣人監生　春秋

第一百四十一名　唐文燦　試中書舍人　詩

第一百四十二名　徐顯卿　直隸長洲縣學生　易

第一百四十三名葉九金　福建莆田縣學附學生　書

第一百四十四名裴應章　福建清流縣學生　詩

第一百四十五名張道明　金吾後衛人監生　易

第一百四十六名陳所敏　江西金谿縣學附學生　書

第一百四十七名李　戴　河南延津縣學生　詩

第一百四十八名黃一龍　福建晉江縣人監生　易

第一百四十九名咸懷良　山東萊陽縣學增廣生　書

第一百五十名黃應坤　直隸歙縣學生　詩

第一百五十一名沈　文　浙江杭州府學生　易

第一百五十二名白希珩　山西寧鄉縣學附學生　禮記
第一百五十三名王惟幾　直隸文安縣人監生　詩
第一百五十四名尚　芾　河南羅山縣學增廣生　春秋
第一百五十五名趙　沚　山東昌樂縣人監生　詩
第一百五十六名邵　城　浙江鄞縣人監生　易
第一百五十七名龔　勉　直隸無錫縣學生　書
第一百五十八名王繼祖　陝西咸寧縣學生　詩
第一百五十九名沈應文　浙江餘姚縣學附學生　易
第一百六十名王一鳳　直隸開州人監生

第一百六十一名李國觀　湖廣襄陽縣人監生　詩

第一百六十二名胡用賓　直隸婺源縣人監生　易

第一百六十三名張東暘　江西瑞州府學增廣生　詩

第一百六十四名紀五常　山東膠州學生　書

第一百六十五名鄭遷　福建莆田縣學增廣生　詩

第一百六十六名胡格誠　河南永城縣人監生　易

第一百六十七名方沆　福建興化府學增廣生　書

第一百六十八名姚孟賢　浙江慈谿縣學附學生　詩

第一百六十九名王來召　直隸成安縣人監生　禮記

第一百七十名胡峻德 河南光州學生 詩

第一百七十一名龔懋賢 四川內江縣學增廣生 春秋

第一百七十二名李鎬 直隸真定縣人監生 易

第一百七十三名劉應望 福建泉州府學附學生 詩

第一百七十四名邵一本 浙江餘姚縣學附學生 書

第一百七十五名張簡 直隸靜海縣人監生 易

第一百七十六名吳肇東 直隸太湖縣人監生 詩

第一百七十七名李頎 江西餘干縣學生 書

第一百七十八名胡緒 江西豐城縣人監生 易

第一百七十九名劉東星　山西沁水縣人監生　詩
第一百八十名耿鳴世　山東新城縣人監生　書
第一百八十一名施近臣　直隸青陽縣學增廣生　詩
第一百八十二名劉浹　江西南昌縣學增廣生　易
第一百八十三名羅奎　陝西淳化縣人監生　書
第一百八十四名沈藻　浙江海鹽縣學附學生　詩
第一百八十五名劉倬　直隸蘇州府學增廣生　禮記
第一百八十六名李學一　廣東歸善縣學增廣生　詩
第一百八十七名劉鉉　江西鄱陽縣學生　春秋

第一百八十八名邵仲禄　四川夔州府學生　易
第一百八十九名王宣化　山東淄川縣學生　詩
第一百九十名馮時雨　直隸長洲縣學生　易
第一百九十一名韋以誠　直隸定興縣人監生　書
第一百九十二名李長春　四川富順縣學生　詩
第一百九十三名梁許　河南孟津縣學生　易
第一百九十四名徐汝陽　江西撫州府學生　詩
第一百九十五名文作　四川涪州學增廣生　易
第一百九十六名李一中　直隸建德縣學增廣生　詩

第一百九十七名魏　雷　湖廣應山縣學生　春秋

第一百九十八名馮　孜　浙江桐鄉縣學生　易

第一百九十九名歐陽栢　湖廣潛江縣人監生　書

第二百名曹　昉　陝西安化縣人監生　詩

第二百一名林　華　廣東文昌縣學生　禮記

第二百二名黄金色　浙江錢塘縣學增廣生　易

第二百三名蘇民望　直隸長垣縣學生　詩

第二百四名陳　潤　湖廣零陵縣學增廣生　易

第二百五名鍾選齡　應天府溧陽縣人監生　書

第二百六名張鏜　江西永豐縣人監生　詩
第二百七名余乾貞　浙江遂安縣學生　易
第二百八名何世學　浙江蕭山縣學附學生　書
第二百九名王之臣　直隸徽州府學附學生　詩
第二百十名許子良　浙江杭州府學生　易
第二百十一名黄家棟　河南息縣人監生　春秋
第二百十二名唐可封　四川富順縣學增廣生　詩
第二百十三名洪邦光　福建同安縣學附學生　易
第二百十四名來經濟　浙江蕭山縣人監生　書

第二百十五名韓世能　直隸蘇州府學生　詩

第二百十六名秦舜翰　福建晉江縣學附學生　易

第二百十七名徐應聘　湖廣黃州府學生　詩

第二百十八名張　書　順天府學生　禮記

第二百十九名周子德　河南開封府學增廣生　詩

第二百二十名楊時寧　河南祥符縣人監生　易

第二百二十一名魏仕賢　四川重慶衛人監生　書

第二百二十二名薛　綸　山西天城衛人監生　詩

第二百二十三名張士奇　直隸東強縣學生　易

第二百二十四名 李逢陽 南京金吾後衛人監生 詩

第二百二十五名 趙惟卿 直隸栢鄉縣學生 春秋

第二百二十六名 袁弘德 直隸曲周縣人監生 詩

第二百二十七名 胡來貢 山東萊州衛人監生 易

第二百二十八名 張元善 陝西韓城縣學生 書

第二百二十九名 周 西 河南彰德府學生 詩

第二百三十名 陳萬言 順天府學生 易

第二百三十一名 姚宗堯 四川成都府學附學生 書

第二百三十二名 朱東光 福建建寧府學生 詩

第二百三十三名 黃德洋 福建晉江縣學附學生 禮記

第二百三十四名 傅性敏 河南睢州人監生 易

第二百三十五名 鄭汝璧 浙江處州府學生 易

第二百三十六名 周易 山東臨清州人監生 詩

第二百三十七名 史朝鉉 福建泉州府學增廣生 易

第二百三十八名 謝良琦 直隸武進縣人監生 詩

第二百三十九名 劉翲 四川內江縣人監生 春秋

第二百四十名 李文翩 福建同安縣學生 易

第二百四十一名 江廷寄 直隸建德縣學增廣生 詩

第二百四十二名 李尚實 直隸廣宗縣人監生 易

第二百四十三名 沈楠 浙江仁和縣學附學生 詩

第二百四十四名 甘來學 四川雅州學生 易

第二百四十五名 余欽 河南睢州學附學生 書

第二百四十六名 房如式 山東益都縣人監生 詩

第二百四十七名 徐秋鶚 廣西馬平縣學生 易

第二百四十八名 謝宗倫 直隸祁門縣學生 詩

第二百四十九名 姚寀 浙江德清縣學附學生 易

第二百五十名 賈待問 直隸威縣人監生 詩

第二百五十一名劉應雷　江西萬安縣學附學生　禮記
第二百五十二名楊　節　河南祥符縣人監生　詩
第二百五十三名湯聘尹　直隸蘇州府學生　春秋
第二百五十四名鄒　墀　浙江餘姚縣學附學生　易
第二百五十五名任惟一　陝西盩厔縣學生　書
第二百五十六名唐　裔　直隸無錫縣人監生　詩
第二百五十七名張克文　江西新淦縣人監生　易
第二百五十八名王汝魯　河南南陽縣人監生　書
第二百五十九名蔣希孔　山東滋陽縣學生　詩

第二百六十名屠　謙　浙江秀水縣學附學生　易

第二百六十一名喻　均　江西新建縣學附學生　書

第二百六十二名鄭國仕　直隸魏縣學生　詩

第二百六十三名傅時望　四川萬縣學生　易

第二百六十四名王　順　湖廣沔陽衛人監生　書

第二百六十五名梁承學　山東聊城縣學附學生　易

第二百六十六名王　京　江西上高縣學生　詩

第二百六十七名張　對　浙江餘姚縣學附學生　禮記

第二百六十八名王體復　山西臨晉縣學增廣生　易

第二百六十九名陳祖堯　福建莆田縣學附學生　詩
第二百七十名田子堅　河南永寧縣學生　春秋
第二百七十一名陳尚伊　湖廣桂陽州學生　詩
第二百七十二名韓必顯　山東安丘縣學生　易
第二百七十三名黃卷　廣東廣州府學附學生　書
第二百七十四名李瑱　山西解州學增廣生　詩
第二百七十五名左縉　四川邛州人監生　易
第二百七十六名馬千乘　浙江平湖縣學附學生　書
第二百七十七名張桐　直隸泰州學增廣生　詩

第二百七十八名李陽春　浙江餘杭縣學生　易

第二百七十九名任　芹　山東莘陽縣人監生　書

第二百八十名朱南雍　浙江紹興府學附學生　詩

第二百八十一名王　琁　河南太康縣學生　易

第二百八十二名劉啟元　山東武城縣人監生　書

第二百八十三名秦致恭　廣西靈川縣人監生　禮記

第二百八十四名劉致中　河南延津縣學生　詩

第二百八十五名高世雨　河南原武縣學生　春秋

第二百八十六名王任重　福建晉江縣人監生　易

第二百八十七名丁愼行　山東東阿縣學增廣生　詩

第二百八十八名梁在庭　陝西會寧縣學生　易

第二百八十九名高一登　山東清平縣人監生　書

第二百九十名劉禹謨　江西廬陵縣人監生　易

第二百九十一名敖　鯤　江西新喻縣人監生　詩

第二百九十二名孫汝匯　浙江紹興府學附學生　易

第二百九十三名胡汝欽　直隸定興縣人監生　書

第二百九十四名傅元順　江西臨川縣人監生　易

第二百九十五名萬鍾祿　江西撫州府學生　詩

第二百九十六名劉應麒　江西鄱陽縣學附學生　易

第二百九十七名陳九仞　福建漳平縣人監生　春秋

第二百九十八名郝維喬　河南開封府學附學生　詩

第二百九十九名徐學詩　留守中衛人監生　禮記

第三百名盧維禎　福建漳浦縣學附學生　詩

第三百一名李大嘉　山西曲沃縣學生　易

第三百二名陳蕖　湖廣應城縣學生　書

第三百三名謝萬壽　直隸任縣人監生　詩

第三百四名李尚思　山西曲沃縣人監生　易

第三百五名殷建中　直隸吳縣人監生　書
第三百六名杜其驕　順天府大興縣人監生　詩
第三百七名高自新　直隸獲鹿縣人監生　易
第三百八名戴　燿　福建長泰縣學生　書
第三百九名孫　錝　順天府學生　易
第三百十名王　儼　四川威遠縣學生　詩
第三百十一名張朝瑞　直隸海州人監生　春秋
第三百十二名李尚然　浙江鄞縣學生　易
第三百十三名王家屏　山西山陰縣學生　詩

第三百四名莊有臨 福建同安縣學附學生 易

第三百五名趙三聘 山西河津縣學增廣生 禮記

第三百六名趙時敏 直隸大名縣學生 詩

第三百七名關成章 直隸長洲縣學生 易

第三百八名張明化 直隸華亭縣人監生 書

第三百九名郭四維 山東夏津縣人監生 易

第三百十名張淳 直隸桐城縣學生 詩

第三百十一名葉楙中 直隸江都縣人監生 易

第三百十二名秦時亨 陝西南鄭縣學生 書

第三百二十三名衛承芳　四川[illegible]　詩

第三百二十四名郭有金　山西蒲州學附學生　易

第三百二十五名蔡應科　福建龍溪縣學附學生　春秋

第三百二十六名于有年　山東臨清州人監生　詩

第三百二十七名周尚登　廣東南海縣學增廣生　易

第三百二十八名李春光　山西解州學附學生　書

第三百二十九名孫化龍　直隸獲鹿縣學生　易

第三百三十名顧梁材　直隸長洲縣學生　詩

第三百三十一名周世科　四川內江縣學增廣生　禮記

第三百二十二名 王中逵 河南祥符縣學生 易

第三百二十三名 劉登庸 河南洛陽縣人監生 詩

第三百二十四名 蔡貴易 福建同安縣學附學生 易

第三百二十五名 劉魯 河南安陽縣學生 書

第三百二十六名 張脩吉 山東高苑縣學生 詩

第三百二十七名 高時 山東濟南府學生 易

第三百二十八名 劉庚 山東壽光縣學生 書

第三百二十九名 周思敬 湖廣麻城縣學生 春秋

第三百三十名 師道立 陝西長安縣人監生 詩

第三百四十一名　周一經　江西貴溪縣學生　易

第三百四十二名　王應辰　河南信陽州學增廣生　書

第三百四十三名　鄭岳　福建閩縣學附學生　詩

第三百四十四名　徐成位　湖廣景陵縣學附學生　易

第三百四十五名　林敬冕　福建興化府學增廣生　書

第三百四十六名　林景暘　直隸華亭縣學生　詩

第三百四十七名　王懋德　廣東文昌縣學增廣生　禮記

第三百四十八名　顧大典　直隸吳江縣學附學生　易

第三百四十九名　萬一貫　江西安福縣學附學生　書

第三百五十名 陳王道 山西臨汾縣學增廣生 詩

第三百五十一名 羅萬化 浙江會稽縣學生 易

第三百五十二名 曹銑 直隸華亭縣人監生 詩

第三百五十三名 郭莊 陝西徽州人監生 春秋

第三百五十四名 徐大任 直隸宣城縣學生 詩

第三百五十五名 唐邦佐 浙江蘭谿縣學增廣生 易

第三百五十六名 陳一夔 江西金谿縣學附學生 書

第三百五十七名 石檟 河南汝陽縣學增廣生 詩

第三百五十八名 袁桂泰 河南河南府學附學生 易

第三百五十九名余之禎　四川內江縣學附學生　書

第三百六十名張正道　四川潼川州学生　易

第三百六十一名景嵩　宣府前衛人監生　詩

第三百六十二名周繼夏　浙江諸曁縣人監生　禮記

第三百六十三名張堯年　浙江餘姚縣學增廣生　易

第三百六十四名劉伯縉　山東歷城縣人監生　詩

第三百六十五名王藻　直隸真定縣學生　易

第三百六十六名賈應璧　直隸無錫縣學附學生　書

第三百六十七名孫珮　山東青州左衛人監生　春秋

第三百八名師機　江西撫州府學附學生　詩
第三百九名司汝霖　湖廣荊州府學增廣生　易
第三百十名蔡璧　錦衣衛人監生　詩
第三百十一名熊瑞　江西南昌縣人監生　易
第三百十二名陳大猷　廣東南海縣學附學生　書
第三百十三名何維椅　廣東南海縣人監生　詩
第三百十四名劉去成　河南確山縣人監生　易
第三百十五名董邦禮　四川合江縣學生　書
第三百十六名張顯仁　直隸武進縣學附學生　詩

第三百七十七名蔣遵箴　廣西全州學附學生　易
第三百七十八名蔣桐　順天府學生　書
第三百七十九名熊鎡　河南光州人監生　詩
第三百八十名袁魁　直隸成安縣人監生　禮記
第三百八十一名李一本　河南郟縣人監生　詩
第三百八十二名趙欽湯　山西河東運司學生　春秋
第三百八十三名楊歸儒　河南嵩縣學生　易
第三百八十四名劉朴　山西曲沃縣人監生　書
第三百八十五名王大用　直隸永平府學生　詩

第三百八十六名 呂宗儒 四川資陽縣學生 詩

第三百八十七名 田樂 直隸任丘縣學附學生 書

第三百八十八名 錢普 直隸無錫縣學增廣生 詩

第三百八十九名 劉守仁 山西洪洞縣學生 易

第三百九十名 易傚之 湖廣黄岡縣學附學生 詩

第三百九十一名 郭思極 直隸魏縣學增廣生 書

第三百九十二名 李宜春 山東莘縣人監生 詩

第三百九十三名 楊言 雲南太和縣學生 春秋

第三百九十四名 張世烈 陝西延安府學生 詩

第三百九十五名李伯芳　廣東英德縣學生　禮記
第三百九十六名徐元吉　四川重慶府學生　詩
第三百九十七名史思敬　直隸棗強縣學生　易
第三百九十八名李　憙　山西祁縣人監生　詩
第三百九十九名紀克一　山東膠州人監生　書
第四百名解學禮　山西河東運司學增廣生　詩

第壹場

四書

子曰由誨女知之乎知之爲知之不知爲不知是知也

田一儁

同考試官郎中劉　批通篇鎔意鑄詞極爲密緻而是知處發揮更覺明瑩是有真知者

同考試官左給事中張　批命意渾融措詞精鍊蓋本真知以爲文者錄之

同考試官編修戴　批　講中謂知在心最得夫

子本意且格調古雅可式

同考試官編修李　批　只用本色語而意味雋

永可愛

同考試官編修林　批　理到之文自不費詞而

題意躍然盡錄以式

考試官學士殷　批　是知心學者豈淺識可到

考試官大學士李　批　詞簡意明

人教賢者以真知在不昧其心而已矣夫知

原於心也不昧其心而知在矣又何俟於他求
哉夫子教子路者如此其意蓋謂學莫先於致
知知非假於外索由也吾其誨女以知之乎彼
事物之在天下者無窮有所知必有所不知虛
靈之在人心者有覺知者知其為知不知者知
其為不知苟於所不知強以為知則非知矣必
於其所知者則曰此吾之所已知者也而不嫌
於自任於其所不知者則曰此吾之所不知者
也而不以之自諱是不謂之知乎蓋知者知其

為知固知也不知者知其為不知亦知也在事雖有知不知之殊而吾心之虛靈固湛然其常明矣則雖有所不知亦何害其為知乎何也知在心而不在事也知周萬物而非有所益也知不徧物而非有所損也在物雖有知不知之異而虛靈之中涵固渾然其具足矣豈必無所不知然後可以為知乎何也知固神而不滯於物也吁求知於心則為德性之知而其知也日新求知於外則為聞見之知而其知也日塞矣由

其知所務哉抑夫子設教往往以知行並言而此專以知誨子路豈以其勇於力行而知或有所不足耶觀其喜浮海之從守結纓之義槩可見矣雖然其視徒事口耳而躬行不逮者何如也善乎程子有曰先明諸心知所往然後力行以求至學者當自得之

子曰舜其大知也與舜好問而好察邇言隱惡而揚善執其兩端用其中於民其斯以為舜乎

羅徵竹

同考試官左給事中鄭　批　大舜虛受之誠發揮盡徹且詞雅而氣昌可以徵邃養矣宜錄以式多士

同考試官檢討林　批　作此題者繁則類多戀擾簡則類多脫畧惟是作鋪敘詳明語意疎爽可錄以式

同考試官編修陳　批　攜體簡嚴措詞雅大可以式矣

同考試官編修佘　批　體大而莊語精而雅深

得虞舜取善氣象

考試官學士殷　批　莊重典雅

考試官大學士李　批　明暢

中庸賛虞聖之智之大而必著其所以大也夫智必自用則小矣虞舜取諸人以為智此孔子所以極賛其大歟宜中庸引之以明道之所以行也今夫智之在人有小有大以一己之智為智者其智有限智之小者也以天下之智為智

者其智無窮智之大者也舉稽諸古若舜其大智矣乎何則有疑則問舜嘗好問於人矣至於言之邇者若可忽也而必好察之則凡人情之隱伏政事之闕失寧有壅塞不聞者乎無物不容舜嘗隱人之惡矣至於言之善者不特聽受已也而必顯揚之則凡上而卿士下而芻蕘有不樂告以善者乎言苟善矣又從而執其兩端度其孰為過孰為不及而孰為中焉謀及乃心稽乎大中至正之矩擇之何其精也夫既

矣又從而見之行事舍其過舍其不及而用其
中焉施於有政務底乎保民致治之休行之何
其至也夫然則是大心以用天下之言而天下
之聞見皆舜之聞見以明四目以達四聰昭昭
乎如日月之無不照臨也濬哲文明之德斯其
所由崇乎虛已以納天下之善而天下之智慮
皆舜之智慮以熙百志以敘百揆蕩蕩乎如天
地之無不覆載也重華協帝之業斯其所由廣
乎此則舜之所以為舜而智莫有大焉者也吁

欲行道者亦惟法舜之智而已矣抑易之臨曰知臨大君之宜吉則大君者宜以智照臨天下者也孔子以大智歸舜而亟稱之曰君哉其以是歟及觀其亟稱堯乃曰其仁如天其智如神噫主之以仁而運之以智此又堯之所以為大也欲為君盡君道者其尚繹思之

吾豈若使是君為堯舜之君哉吾豈若使是民為堯舜之民哉吾豈若於吾身親見之哉天之生此民也使先知覺後知使先

覺覺後覺也予天民之先覺者也予將以
斯道覺斯民也非予覺之而誰也

王用汲

同考試官主事薛 批 伊尹應聘而出正仰承
天意以行道覺民此作發明殆盡

同考試官檢討高 批 能發伊尹行道承天之
意豈同志其志者耶宜錄

考試官學士殷 批 詞簡而意足

考試官大學士李 批 發伊尹應聘意明切

聖人以行道自期承天之意也夫天生聖賢為世道計也聖人欲道之行固其責不容諉者哉孟子辯伊尹無要湯之事乃述其應聘之言若曰君子之處世也時未可為固樂道以獨善其身時可有為貴行道以兼善天下堯舜之道吾嘗樂之矣我儀圖之豈若以斯道而匡輔吾君使得聞大道之要即為堯舜之君以斯道而左右吾民使得蒙至治之澤即為堯舜之民勛華之德躬逢其盛視徒切於向慕何如也雖然之

化樂觀厥成視徒勤於誦說何如也吾可終以隱自高哉且天之生此民也氣禀所限知覺之有先有後不可必同而啓迪之責屬望於先知先覺意爲獨至今予於天民之中幸先得乎斯道是既備覺民之具則其責成也有在天之所望於我者可得而知也予將以所知所覺推之以覺斯民必親見斯道之行庶其付託也不孤我之所受於天者不得而私也非予覺之則先知先覺既無其人後知後覺將何所賴堯舜之

道疇其繼之帝天之命疇其副之予曷容自已乎是故應湯之聘期堯舜其君民蓋不敢違天也觀尹之自負不輕如此其出處不苟可知矣寧有辱已要君之事哉大抵聖賢之出也承天意以為生民則其不輕於出實為天道愛其身其以天自處之心一也況尹之所樂即湯之間而知者道統之傳不期自合奚俟量而後入邪孟子言必稱堯舜乃其自任曰當今之世舍我其誰君子知孟子之心則知伊尹之心矣

易

王假之尚大也勿憂宜日中宜照天下也

沈一貫

同考試官左給事中鄭　批　保治之道發明殆盡且格調不凡易義之絕佳者允宜高薦

同考試官檢討林　批　發揮保治之意親切有味

同考試官編修陳　批　理精詞典是深於易者

同考試官編修余　批　意正語嚴可錄以式

考試官學士殷　批　得彖傳之旨

考試官大學士李　批　說保治之意懇切

人君憂治世者有保治之道焉夫治恒傷於所恃也不自恃其治而又何憂於不可保哉彖傳釋豐之辭如此且天運有治亂其機相乘而人事有得失其理互勝能盡人斯可以勝天矣彼治道以豐為極盛王者而臻此焉語其勢則世方一統是為大同而圖大者每患於多事語其時則叙協太和是為大當而好大者常病於喜

功履盛滿之期而願欲咸遂不期侈而侈雖王者不自知也撫盈成之運而志意以廣可以為而為雖天下莫之議也夫惟其尚大也有憂道焉如是而不能憂將失其大也徒憂而不能守憂無益也辭所謂宜日中者蓋以平者陂之漸也滿而不溢愈嚴衣袽之防盛者衰之始也盈而能謙尤切苞桑之戒億兆之休戚其情未易徹也而王者明四目達四聰自知周萬物而不過如日中天無幽弗燭矣以是保泰何平陂之

足恤乎海宇之隱微其幾未易晰也而王者治
百官察庶民自明見萬里而無遺大明繼照無
遠弗屆矣以是處盈何盛衰之足慮乎蓋日惟
方中則物被常照王者能守成則世得常治故
曰宜照天下也噫微以可憂虞其亂也故亂可
息示以勿憂圖其治也故治可保聖人無已之
心有如是夫嘗觀易之言憂懼者備矣復隍於
泰冥於豫擊於盈而濡於既濟恐恐然常若靡
終者何哉誠以治亂倚伏之機危平易傾之理

固然也嗚呼以此爲防而猶有以豐亨豫大之說誤其主者

易與天地準故能彌綸天地之道　曹太埜

同考試官左給事中鄭　批　彌綸句正是易與天地準處此作提掇得出而制足以發之是潜心於易者

同考試官檢討林　批　作者類以天地彌綸析開講殊爲可厭惟子不落俗格而語且莊重是

有養士也錄之

同考試官編修陳　批　此作發鼓能意甚明而詞複精純典實揎摛之作也

同考試官編修余　批　發揮易道殆盡

考試官學士殷　批　見理精確非苟作者

考試官大學士李　批　精雅可錄

易道之大與天地為一也甚矣道莫大於天地也易書準之而能彌綸其道焉寧不與之為一哉昔者聖人規摹天地而作易固將以其道而

見之於書使其有一毫之不似則其於道也匪闕而不全将混而無別矣然而易也天地也一也在天地為實體在卦爻為法象道器同流而造化不外於一易或先易以開其原或後天以闡其祕理數脗合而易道已塞乎兩間夫惟其肖天地而不離則天地非有餘易書非不足矣故能發揮乎至教之精惟其配天地而罔間則始而道在天地繼而道在易書矣故能旁通乎至德之奧道有渾然示人博者太極之統體也

而易能比其類焉固合之大而無遺道有粲然
示人辨者太極之各具也而易能理其緒焉又
析之精而不亂卦象立則極天下之賾而象者
像此道者也凡大德敦化小德川流而隱顯精
粗散殊而有紀者見其廣大而悉備爻位設
則效天下之動而爻者效此道者也凡合萬為
一一實萬分而俯仰遠近森布而有倫者見其
和順而且理矣盖以易觀天地天地即易也既
準之而無不同以天地觀易易即天地也自彌

之而無不具信夫易與天地為一者乎抑且
未出於聖人乎非聖人不能作而天地假聖人
以成能不然何以能一一符合也河洛之文宛
然神聖默授之矣雖然理性與命具於易而窮
理盡性以至於命必聖人而後可以語此然則
天下無聖人而易幾於息矣故曰易非聖人不
能作非聖人不能用也

書

無教逸欲有邦兢兢業業一日二日萬幾

無曠庶官天工人其代之

沈位

同考試官都給事中王　批　作此題者拘泥體裁多忽本旨結構自然詞理精當僅見是篇宜錄以式

同考試官檢討沈　批　發臯陶規戒之意明透足當作者

同考試官編修周　批　莊嚴典雅賡廷陳戒之意藹然

同考試官修撰徐　批典謨之大不尚詞藻

作得之

考試官學士殷　批嚴整可式

考試官大學士李　批得皐陶陳謨意

大臣申知人之謨在嚴君道而慎天職也夫君理萬幾臣代天工其責重矣以身取人者可弗嚴且慎哉皐陶終知人之謨以為論官固在于度德而取人必本于修身是故人君表正萬邦侯服之敬肆視之矣帝無逸欲之是教也其必

兢兢業業以為百辟之刑乎何也惟天立君而全畀以艱大之責故一日二日之內萬幾集焉政務之裁決以一念而關四海之安危化理之圖惟以一息而基萬世之治亂蓋至微而易忽者實至嚴而可畏也雖勑天惟時酉懼萬幾之叢脞而況以逸欲乘之哉至若人君進退百官臣職之舉廢因之矣帝無使庶官之或曠也其必翕受敷施以盡九德之用乎何也惟君奉天而分任乎左右之臣故有邦有家之卿[illegible]

馬三德之所浚明皆參贊彌綸之寄六德之所亮采皆裁成輔相之司盖代君以有終者即代天以有為也必建官惟賢斯克致天工之寅亮而可以匪人曠之哉夫兢業以理萬幾則知人之本端得人以代天職則官人之績著迪德之事其無餘蘊乎抑嘗考之虞舜恭已克艱聖敬躋矣元愷登庸衆賢和矣然逸欲曠官之戒臯陶猶切切焉何其愛君之無已也夫莫難理者萬幾而逸欲恒生于所忽莫難代者天工而人

才不可以易知則修已用人之道非先務之急
哉萬世之為君者讀皐陶之謨可以監矣
昔在文武聰明齊聖小大之臣咸懷忠良
其侍御僕從罔匪正人以旦夕承弼厥辟
出入起居罔有不欽發號施令罔有不臧
下民祗若萬邦咸休

喬因阜

同考試官都給事中王　批　明良相遇固治道本原

然內外交修斯顯微無間而德業能廣[illegible]

之助可少乎哉此篇舂容典雅發揮有周先烈
之所由儆宛然在目而惓惓忠愛之意溢於言
表錄之不獨取其文也

同考試官檢討沈　批穆王求助伯冏之深意
此篇能道之宜錄以式明經者

同考試官編修周　批題目意義多端甚爲鋪
叙是亦取爾

同考試官修撰入　批峻整簡當得周書盡盡
體寫靡之習為之一變敬服

考試官學士殷　批文有關繫可錄

考試官大學李　批明粹可錄

賢王叙先烈之由盛其望於邇臣者深也甚矣邇臣之有裨於君德也文武之盛有由然哉穆王叙此以為伯冏望也意曰惟君德為薰化之原惟邇臣係正君之助予也仰思先烈重有感焉昔我文武以天縱之德而繼作于上聰明而克齊聖既君德之罔愆矣惟時小大之臣以知恤之選而贊襄于下願為忠而願為良良臣

恭之罔間矣迺其侍御僕從官不同也而庶常
之吉則同夙夜在庭承休有協恭焉不以君聖
而替其忠人不一也而克俊之良則一朝夕王
所弼違無遺力焉不以臣賢而諉其責由是涵
養深而聰明益廓漸摩熟而齊聖愈光以天德
之純而昭爲天命之度則敬以作所而出入起
居之皆欽也以王心之一而敷爲王言之大則
巽以申命而發號施令之皆臧也動而民敬焉
而儀刑協於萬方則君自治丕變其同風矣雖

聖德之 自神而邇臣不與有助哉言而民信焉
而會歸徧於萬國事君自顯大順其成俗矣雖
臣恭之篤棐而邇臣不亦有補哉夫文武我周
之盛王也其成德廣化猶于邇臣乎賴焉而翔
予之無良耶吁穆王之望伯冏切矣抑考陪僕
贄御古慎其選故周公叙綴衣虎賁與三事並
而穆王至特為作命蓋其重若此故從容養德
恒必由之此制湮而人主所與士大夫接者亦
罕矣有志於正君者能不重歎於伯冏之書

詩

儀刑文王萬邦作孚

劉伯燨

同考試官郎中劉　批

法祖信民乃周公忠告成王至意此作發揮明盡而詞更莊雅是善說詩者宜錄以式

同考試官左給事中張　批

法祖德以固人心正周公喫緊為成王處此作於儀刑敬德發明懇到且於敬天保祚之意亦互發無餘蓋因文以抒

忠愛乃詩義之最佳者

同考試官編修戴　批渾厚懇惻深得告戒之

體

同考試官編修李　批説周公戒成王之意懇

到必深有忠愛之心者

同考試官編修林　批説出周公戒君意詞義

氣格俱到必邃於經學者

考試官學士殷　批雅義典重得體

考試官大學士李　批典雅

臣戒王惟欲其法祖德以固人心焉夫祖德者人心之所同歸也苟能取法於祖而人有不信者乎周公戒成王之意若曰天道微而難知人事顯而易見虞殷於天未易測矣不有文王之可法乎爾其邇文德之至純而內以制其心仰文謨之丕顯而外以善其政緝熙敬止雖未可以幾及也必也以敬作所思紹其穆穆之真而所以上畏天命者罔敢怠焉令聞不已雖未易以驟至也必也不已其敬務底於亹亹之實

而所以下副人心者罔或渝焉如是而萬邦有不作孚者乎蓋文王之德萬邦之所同信者也能儀刑之德以自治則將以孚文王者而我孚矣萬邦之人文王之所輯寧者也能儀刑其政以安民則其所以孚我者無異文王矣其綏之也曰所以仁我也畿甸要荒地不同而感同有孚攣如豈特多士之侯服而已乎此誠永保天命之要吾王宜致省也其勞之也曰非以厲我也羣黎百姓人不同而信同厥孚交如豈仁丁文

之祼將而已乎此誠固結人心之本吾王其加察也吁知人之所以爭則知祖之所當法矣又何俟求之於天乎抑敬天法祖帝王保祚之要道也周公惓惓以法祖戒成王而委天載於無聲無臭豈非以天道遠人道邇故耶求之遠而易眩孰若求之邇而有徵也老臣忠愛必防其微如此厥後成王以不敢康之心造緝熈光明之學稱守成令主焉則輔導之功可少哉

　數天之下衷時之對時周之命

李維禎

同考試官郎中劉　批　講中善發周王新命之義束結內又爲闡其非富天下之心是大有關於世教非徒工舉業者可比

同考試官左給事中張　批　此題落中作者於朝會祭告類不合題此作意旨明晰且說出周家一代維新之氣象宛然宜錄以式

同考試官編修戴　批　典雅豐潤節奏當時新命氣象殆盡而結中歸本於天尤非

淺識可列

同考試官編修李　批　此作莊重典雅讀之鏗然有金玉聲深得頌義之體

同考試官編修孫　批　頌體難於敷揚美盛此作辭和義正校寫當時大典之行宛然在目

考試官學士殷　批　有周維新之治所以慰人心者發揮明盡且純雅醞藉是大手筆

考試官大學士李　批　頌義貴典重惟此作得之

周王舉狩典以慰人心而一代之令布焉甚矣

人心望治之切也周王巡狩以荅其望而新令
布焉謂非一代之懿典哉且我周應運而興所
以安天下也政令不新其何以彰軌物而齊衆
志乎是故天下刻辟厥商政而思以更化者非
一日矣於是聚而朝之祭告之餘正朔於此乎
頒禮器於此乎修揭王章以昭一統之盛俾凡
傾心者皆得以快覩焉友邦冢君仰周道而願
以稟令者同一心也於是合而朝之方岳之下
爲之協其時月爲之同其量衡申於[illegible]以垂世

守之常俾凡僕志者皆得以自慰焉若此者非時周之命而何蓋自斁道衰而衆志離王綱弛而覲禮廢久矣政令之不及於天下也其在時周則大介一用既闢區夏而取其殘武功耆定遂統民物而更其始上奉天命則四岳時巡正所以昭代天之大義而示人知所尊也舉久廢之典章而整頓之不赫然風聲之一變哉下撫輿圖則羣后肆朝正所以彰馭世之大權而示人知所守也茲久渙之人心而震肅之不煥然

視聽之一新哉吁周王之功信乎其可頌矣抑
於是而知有周公天下之心也代商之後大憝
甫平而即惓惓於慰天下之望則其心固將以
安天下而非以富之也不然何以周遊四岳而
民無厭心乎易曰湯武革命應乎天而順乎人
觀於此詩益信

春秋

夏公追戎于濟西 莊公十有八年

王鳴爵

同考試官主事蔡　批　傳中無武備啓戎心而
不知儆數字謹嚴詳盡獨斷作發明親切宜録
之以黜浮

同考試官檢討成　批　聖人貴未然之防此作
能發之且詞氣剴切讀之令人警惕至結歸本
君身尤非徒作者

考試官學士殷　批　有筆力有斷制

考試官大學士李　批　發明戒備處緊切

經譏望國禦患於已然欲為國者防患於未然

也此見魯之追戎失在備戎不預爾有國者可
不知戒哉在昔戎敢窺魯莊也治之於是因戎
之去而追至於濟西夫公親帥師而戎見驅逐
似能用禦於門庭庶其勿恤乎莫夜矣乃春秋
以無備譏何誠以有國之守當設於四境制勝
之謀貴出於萬全戎之始涉吾境上也震聳我
邉鄙而疆吏曾莫以告迨其全軍去矣然後從
而追之可乎戎之遂入吾境內也蹂躙我人民
而廷臣皆莫之知迨其振旅還矣然後追之于

濟西又可乎借曰来而躡其去者法也然躡之於既去孰與遏之於未来武備及時而修先世膺戎之長策也我則忘備以啓戎而欲求逞於一追亦晚矣借曰去而擊其歸者法也然追兵以擊惰孰與上兵之伐謀政刑及時而明國家未雨之桑土也我則怠政以啓戎而徒力追於既去抑末矣要之戎以乘間竊發為事恒出我之不意攻我之無備而在我有以致之則所以致之者一危道也我以追奔逐北為名乃治不

於未亂謀不於未戰而於戎無以禦之則所以禦之者一危道也春秋不言侵伐而書追戎見魯不覺其來但追其去爾然則國其可以無備備其可以不預乎抑舞干而苗格固壘而崇降内治之修帝王制禦之常道也魯莊不振戎蓋有所窺而動焉豈徒武備之弛哉厥後僖公懼天菑恤民隱庶幾盡克君之道則淮夷攸服頌聲載作魯且中興矣噫此一魯也在莊則見侵于戎在僖則見服于夷國之強弱繫乎人豈不

信夫

城費襄公七年春叔弓帥師圍費昭公十

有三年

聶良杞

同考試官主事蔡　批　二傳大義炳然作者類

襲忠經二字反闕經旨斯作大而婉其經傳之

典刑矣

同考試官檢討成　批　立意正大命詞蒼古經

義之最佳者宜錄為式

考試官學士殷　批　謹嚴得春秋之體

考試官大學士李　批　以官人正已立說是

役舉于私邑見官人者之失兵舉于私邑見正已者之失此一費也其城其圍魯君臣之責咎有歸矣費曷城也宿狥叔仲之請也夫以大夫專而興役焉漱罪魯君者何蓋曰有國者非馭臣之患而官人之難城費者宿也所以致其城費者不有授之柄者乎良由魯之用人也任之不以其賢也使之不以其才也惟其世而已則

夫以宿之不忠而政及焉群小媚之安得而不自封殖也哉散兹後也家有甲兵邑有城池屹然耦國之勢矣然則非有能弱魯者魯自弱也向使其建官惟賢位事惟能公選之法猶存焉則公臣將無不得人者又何患乎季宿春秋書之以罪魯也其謹微之意歟費邑圍也季討南蒯之叛也夫以家臣逆而尋師焉歸罪意如者何蓋曰修己者非責人之患而自反之難擬費者蒯也所以致其擬費者不有生厲階者乎良

由意如之為人也以所惡於上而使其下焉以所惡於下而事其上焉已實有闕矣則夫以蒯之不逞而效尤焉衆怨謀之安得而不為戎首也哉故茲舉也將以大夫師以大衆隱然敵國之形矣然則非有能悔季者季自悔也向使其使臣以禮事君以忠出爾之道不悖焉則家隸將無不恭者又何憂乎南蒯春秋書之以罪季也其譏之意歟雖然禮之可以為國也久矣大夫之事而城家臣叛而封於禮之

無由哉乘大輅旋兩觀偃然而僭矣又何以禁其下乎故以舊禮為無益而去之者必有壞亂理固然也仲尼相而後以禮正魯之君臣惜其用弗究而魯終於魯也噫

禮記

立太傅少傅以養之欲其知父子君臣之道也太傅審父子君臣之道以示之少傅奉世子以觀太傅之德行而審喻之太傅在前少傅在後入則有保出則有師是以

教諭而德成也師也者教之以事而喻諸
德者也保也者慎其身以輔翼之而歸諸
道者也記曰虞夏商周有師保有疑丞設
四輔及三公不必備唯其人語使能也

陳于陛

同考試官主事蔣 批 體裁簡當詞義精明是
深於禮者

同考試官檢討高 批 題文錯綜而意則聯絡
作者即不冗必陳獨此義辭

考試官學士殷　批　得先王重國本之意

考試官大學士李　批　輔儲貴在得人是作能發之

先王設輔儲之職而必責於得人焉蓋國本所繫養之不可不豫也列衆職而必擇其人有以哉昔者聖王之教世子以為成教者禮樂之功而典教者輔導之責是故立太傅少傅之官寄以教養之重任正欲世子知父子君臣之道明夫天下之大倫其在太傅躬行其道而審示之有身教也其在少傅奉以觀法而詳喻之有言

教也行則太傅先而少傅後居則入有保而出有師隨其所寓既寀夾持之功焉由是習與智長而教無不喻化與心融而德無不成要其所至巳裕敬承之基矣夫天下無事外之德師者教以盡倫之事而喻諸德於以啓其知天下無身外之道保者謹身以輔翼之而歸諸道於以迪其行此師保之所以又不可缺也凡此豈徒備官已哉記曰虞夏商周天下之盛王也師保疑承四輔三公建官之古制也官不必備惟侯

其人蓋言職任之重必擇人之賢使稱之誠得
其人分任之固善其多賢苟無其人寧置之勿
取其充位所以養天下之本自當為天下慎之
也豈容參以匪人耶吁此古之世子所以豫成
其德而能延有道之長有由然矣嘗攷賈誼保
傅傳曰太子之善在於早諭教與選左右必得
周公太公召公史佚之流乃勝其任下之猶擇
孝弟博聞有道術者充之庶乎所見皆正人所
聞皆正道誠萬世不易之定論也夫苟無箴規

輔養之實雖寮屬具員講讀備禮奚取哉欲為
宗社生靈長久之計可以深思矣
禮樂皆得謂之有德

喬木

同考試官主事蔣 批 禮樂一道知樂即然乎

禮作者類析而為二獨此義得之可式

同考試官檢討高 批 禮樂元自知而得此作

獨能發之又句句顧皆字有情佳作也

考試官學士殷 批 樂記義正如此

考試官大學士李　批　詞精意到

君子會大道之全可以觀所蘊矣蓋禮樂本無二理也君子獨會其全所蘊不既深乎記者推言知樂之妙及此若謂禮樂之道相為流通神而明之存乎其人耳吾茲於君子之知樂可以觀德焉何則道一而已矣自夫發之聲音有所以為樂而樂未始不通於禮也自夫制之倫理有所以為禮而禮未始不寓於樂也君子由知樂以幾禮則是心與理融默契其情文之妙道

與神會洞究其和序之原始於聲音之審樂可知矣而禮因得其理以所以統同辨異者析之精又合之大也終於政治之備禮可幾矣而樂益得其深焉所以合敬合愛者察之詳亦體之至也禮樂皆得如此是不謂之有德乎蓋達於樂而不達於禮謂之素達於禮而不達於樂謂之偏皆未可以語有德也惟夫兼禮樂而兩得之則是合進反以為文粹然至善之畢滿貫通維而一致渾然德行之默成所履者邪

者和平交錯發形有全體焉即未有作吾知其幾於聖矣以内則極和以外則極順交養互發有全功焉即未有述吾知其進於明矣謂之有德不信然歟然必由知樂致之是以君子知樂之為貴也抑豈易言哉要必有本焉本諸心而已矣是故反情合志知樂之始事也達禮成德知樂之能事也推而極之凡所以移風易俗使斯民徧為爾德者胥此出焉彼外心而徒求諸聲氣之閒抑末矣故欲知樂者又不可不求端

於心

第貳場

論

明君以務學爲急

田一儁

同考試官郎中劉 批 格心務學正心之義婉曲詳切而詞更莊雅可誦是能格心之說者

同考試官左給事中張 批 明見所宜急於務學意此作洞究無餘是學見本原而心切於講獻者

同考試官編修戴　批　聖人之心純亦不已故自不待不學場中能發揮明白者無如此篇

同考試官編修李　批　惟明君能務學惟務學則益明此作能發之且文體雅重信為可式

同考試官編修林　批　道盡明君務學之意詞復醇正冲淡知崇古雅諸作無以逾此矣

考試官學士殷　批　氣格昌大才識深醇積學之士也

考試官大學士李　批　刊落套語發務學處詞不

繫而竟獨至錄之

人君欲善其治於天下者不求之治而先求之心夫心者治之所從出也心明乎理然後天下之治操之自我而善應不窮故周天下而知者明之用也非人君之所以為明也人君之明其必由學乎夫人君以治天下為責也而曰從事於學自恒情視之若以為迂而明君務焉彼固矣夫治從心出心由學明務學之所關於治者大抵宋儒胡氏曰明君以務學為急噫惟急於

務學斯其所以為明君歟昔商臣以明哲作則
望高宗而高宗進傳說納誨惓惓終始典學之
念成王嗣位延訪羣臣求所以緝熙於光明者
曰學而已夫高宗成王非世所謂明君乎然其
所務若此則學固所以為明也夫人君尊居九
重統承萬世綜羣物而制其命攬庶事而握其
樞言惟作令而人莫予違動惟所嚮而欲罔不
遂中外臣工正邪並進給我任使其情難辨也
事物變化紛綸四出待我裁決其務至賾也聲

色玩好日陳於前悉為我蠹其心又易以蔽也以有敝之心照難辨之情而乘至賾之務則君之明始窮是故學之不可以已也且夫人之心未有無所用者不用之問學則用之嗜慾問學勝則明嗜慾勝則昏昏明之際治亂之幾繫焉故學不可不務也且學何為者也所以探帝王之心法稽古昔之治蹟易嗜慾之外累以養義理之源者也夫義理之於事物若權衡之於輕重尺度之於長短茍權衡尺度在我則天下之

輕重長短不能欺矣學所以正尺度而定權衡也故務學不可不急也明君知其然是故信典謨之訓不畀著龜親講讀之臣不畀師保儼乎賢聖與游穆乎神明與與居大廷以及深宮何地非學即幽獨弗廢也常伯以及虎賁何人非學即芻蕘弗廢也居處以及服御何物非學即觴几弗廢也聽政以及燕閒何時非學即終食弗廢也乃其心惕焉皇焉就焉將焉視天下莫有先之者何若是急也是故嗜慾交於前而不為

之移事物叢於外而不為之亂不出帷幄而鏡
照羣情不下階序而神運四海不離日用而規
創萬世聖神睿哲皆由此出簡而易操逸而有
成智不徧知而急先務者也明君之所以為明
也後世言明者異於是曰古帝王明矚宇內如
日月在天彼所謂天授安佚學也嗟乎是惡知
帝王之心帝王之心愈明則其務學也愈急夫
明於射者未有不務決拾者也明於御者未有
不務銜策者也知及之心必好之心好之身必

習之聖人之心純亦不已故其學也無間可息
也蓋古之務學者未有急於堯舜禹湯文武者
也觀其精一之授受敬義之規廸兢兢一念如
天之運如日月之行雖欲須臾少息而不可得
此聖之所以益聖而萬世稱明也後世恥於有
所不知而學顧欲以不學而知爲明是何異於
不習決拾而曰我善射不習銜策而曰我善御
終其身不可得而幾焉非惑歟雖然學有不同
以心潛焉以身體焉舉而措之天下此帝王之

學也資博洽獵英華終日從事而無與於身心此非帝王之學也學非其學則明日以眩此則俗儒之務於治天下何裨焉故曰明君以務學爲急又曰聖學以正心爲要噫非務學不可以語明非正心不可以語學幾微之際惟明君能辨之

表

擬宋以田錫爲左拾遺謝表 太平興國六年

張位

同考試官都給事中王　批　詞清新而典重意忠懇而不激佳作也可傳

同考試官檢討沈　批　體莊而雅辭典而文懇忠悃溢於言表是有裨於治道者

同考試官編修周　批　文詞莊雅能步宋人矩矱可以式矣

同考試官修撰徐　批　莊重典雅忠愛之意藹然宜錄以式

考試官學士殷　批　駢儷典則且寓意忠懇可

以觀所養矣

考試官大學士李　批　不事雕鏤而工緻自不可

到錫之以式多士

具官臣錫伏蒙

聖恩擢臣左拾遺者伏以

北闕傳綸誤被

簡遴之寵東臺列秩濫叨獻納之司顧綿力

以何堪荷

渥恩而增惕臣誠惶誠恐稽首頓首

上言竊惟在昔聖明之主皆資規拂之臣傅巖取諭於從繩殷邦永靖仲山見稱於補袞姬祚恒昌然猶輿論之廣延不必諍臣之專設自漢而下諫議之秩乃興迄唐以來拾遺之員益備以人臣之賤與天子爭是非以言論之微為朝廷關輕重班聯兩掖夙號高華義切四隣允需直亮叩墀如栖楚猶懲蹇諤之聲守闕若仲舒始稱糾

繩之任慨立仗一鳴而輒斥遂朝陽孤響
之希聞匪遇明王務集思而廣益寧優諫
職容補闕以匡違幸當不諱之
朝丕作敢言之氣亟需儁彥聿贊
洪猷如臣者學昧時宜才疎世用策名而後
通仕籍者三朞受任幾何荷官階之四轉
初叅五維之署靡効經營旋佐分虎之州
莫稱治績躐登秘省點石渠金馬之班出
判漕臺負芻輓星軺之寄衆能俱殿歷試

何功方擯黜之是虞詎超踰之敢企樸忠
自許雖竊戀乎
清時樗散性成竟何堪於要秩忽承
殊眷特授新銜俾解利津進司言路入鸞垣而
儼直已誇位望之清依
螭陛以獻言尤訝職司之重涓流功眇將令
委潤於滄溟纖綃材微乃望增華於
黼黻遭逢若此報塞謂何祇懷臨谷之憂未
遂循墻之讓茲蓋伏遇

○○○○

道優入聖

志銳康時

帝驟王馳冠古今而為烈

文經武緯參天地以成能

乾惕彌深

泰交愈下路止

受言之輦

朝縣進善之旌從諫如流使人也器質能攻

玉即無棄於他山美欲采葑菲不嫌其下
體苟一剛之不橈亦寸善之足收爰致孤
踪濫塵華貫愧深汗浹感極身輕謹稽首
以揚休庸盟心而就列
聖作而物咸覩思自奮於風雲
天高而聽每畀願仰排乎
閶闔事關
宗社敢避伏蒲憂係
嚴廊寧辭攀檻倘少裨於

耳目復何愛乎髮膚勉輸狂瞽之忱用答
高深之造伏願
睿衷日照
宏度天涵言雖逆而利行味即甘於藥石善
有微而足採分遂畧於芻蕘益成
王道之萬全永固
皇基於億載臣無任瞻
天仰
聖激切屏營之至謹奉

表稱
謝以
閒
第叁場
策五道
第一問
沈一貫
同考試官左給事中鄭　批我
祖

宗法天致治格於
皇穹
皇上敬承昭嗣益光
前烈
國家萬年景運之隆寔基於此此策闡揚詳悉而永凝
昊眷之道篇終尤切惓惓臣子忠愛之忱何至哉錄之匪直以其文
已也三復為之歛衽

同考試官檢討林 批 陳郊祀義及揄揚我

天之實明白詳盡遡後以疑命之道致望於我

皇上忠愛溢乎詞矣録之以式

同考試官編修陳　批我

皇上欽承

大祀克纘

前休其至敬昌符豈易測述予獨能揚其盛未備以法

天主政陳焉須而覲宜爲予獻於

上矣

同考試官編修余　批

祖
宗敎
天之心法
天之政具見
聖謨而我
皇上仰紹
前休茂膺
景貺爾能揚厲

盛美於熙後再致規諷之詞尤徵忠愛宜錄以
獻
考試官學士殷　批　是策能敷揚我
太祖
世宗及我
皇上格
天之道而惓惓忠愛之意溢於言表高薦允宜
考試官大學士李　批　我
皇上聖敬格

天同符

社

考子能敷聞

鴻休而須不忘覲尤見忠悃必佳士也薦之

自昔大君所以保命凝圖以迓無疆之休者夫豈無其道哉曰敬天而已矣夫大君者天之宗子也其精意孚通靈心昭答捷若影響何者以其相近也故敬則天心格而福祥集焉不敬則天心厭而災害生焉

明明在下赫赫在上感應之機至神且速
如此矧承祀克敬而有非感通者乎矧
南郊又祀典之至重者乎此我
太祖高皇帝
世宗肅皇帝暨我
皇上所以統和天人而為萬福宗者其道一也
且郊祀之義大矣記有之曰因名山升中
於天因吉土饗帝於郊升中於天而鳳凰
降龜龍假饗帝於郊而風雨節寒暑時神

美哉貽格之休徵乎是以先王隆之而内
必致其敬外必致其勤也以言乎内心之
敬則因丘掃地也陶匏藁秸也疏布樿杓
也素車以乘也所以尚其質也以言乎外
心之勤則執鎮圭繅藉也五采五就也龍
旂章而設日月也四圭有邸也八變之音
黃鍾大呂之鈞也所以尚其文也然又内
服大裘以因其自然外被龍袞戴冕璪以
致其文飾要之質其内所以制其外文其

外所以養其中莫非敬也夫先王敬天如
此其至者豈有所徼而爲之哉誠以天無
親而親於克敬命不常而常於有德是故
不敢不嚴也故舜始紹堯他務未遑而首
類上帝武王代商龔天之子之也乃時邁
而祡焉蓋曰有天下者受命於天天之我
眷與否不敢必也乃以是卜之爾惟重華
之德上協天心而納於大麓烈風雷雨弗
迷變伐之舉應天順人而允由會河墮山

喬嶽弗震然後知天之果不我棄而其心
始安此虞周之道所為隆也秦漢而下斯
義寖微匪直德弗天肖而禮制亦甚悖謬
矣秦興鄜畤上下之四時以祠五帝漢以
黑帝而增北時壇有八觚席有六采樂有
玉女車有鸞輅騂駒龍馬一切侈靡無復
上古掃地之義是謂褻天安在其為敬乎
至唐於南郊祭太微感帝宋祀五方上帝
及五人神十七位則舛謬尤甚烏足以延

昊鑒而綏禔福哉洪惟我
太祖高皇帝奮淮甸以開基
世宗肅皇帝起興邸而紹統受
天明命後先炳耀猗歟盛矣當洪武戊申祀
天鍾山之陽乃陰祲倏消星文宣朗
昊天鑒享之明徵也我
太祖爰命儒臣作存心錄首以二郊綴以羣祀
列壇壝圭璧之等誌裸獻歌舞之數凡歷
世群辟共祀致祥慢神召異者舉載焉初

不言心所以存而
命曰存心將使披覽者遇祥而勵遘異而警
也洋洋
聖謨孰非所以敬天者乎嘉靖庚寅恪舉
圜丘之禮匝月而甘露降
昊天鑒享之明徵也
世宗爰作欽天記頌先之以紀實申之以讚詠
神功玄德則歸
祖

增筭延年則歸
慈闡而滋禾稼登來年則以歸之兆民
命曰欽天所以答嘉貺而酬眷佑也煌煌
睿製孰非敬天之義乎嘗繹思之
欽天記頌之所述特嚴夫
上帝
存心錄之所載徧及于群神詳畧異矣而意
指則無不同其曰斡運四時維帝之力曰
兩曰賜亶賴穹蒼即所謂昊天蒼兮穹窿

廣覆幬兮麗洪者也其曰予質也昧上荷
簡在咎旣無由銘心欽戴即所謂念螻蟻
兮微衷莫自期兮感通者也曰惟日長至
戒誓惟恭與六氣資始典禮爰舉之祝不
殊曰頓首誠惶仰瞻帝容與聖靈皇皇敬
瞻威光之歌無二
神謨聖藴曠世一心
雲藻天章殊篇交暎其互相發明者乎頌者我
皇上當嗣服之初舉

南郊之典乃
命司空飾壇宗伯典禮奉常戒具
省牲省鑊肅肅乎外無不謹也於是
建龍旂
乘寶輅
宿齋宮
一心志慄慄乎內無不敬也先期嚴飈振威
陰雲翳空凛乎寒栗栗矣至日乃風和氣藹
煦然春溫中夜

登壇天宇澄清星月輝燦此誠
聖敬昭升
帝心歆鑒而得天之應其同符
祖
考矣乎自是
天心孚佑賜雨節調時和歲登民康物阜
國家昌泰之徵端在是矣此固臣民之所共
仰而忻戴焉者也然執事又欲聞凝承
昊眷昭嗣

前休之道則豈愚生所敢知雖然蓋嘗聞之矣
先王有敬天之心則必有法天之政秉寅
虔以將祀所以敬天也而天鑒乃昭體乾
健以御圖所以法天也而天眷乃篤敬天
矣而不法天非所以善承天意也肆我
太祖
世宗之所以荷天歆格者詎徒以共豆登享薦
之勤齊明儼恪之敬而已哉蓋有法天之
實政焉是故

立經陳紀丕昭洪烈
投戈講藝恢廓訏謨
宮闈之教肅而
身範必端慶讌之典嚴而吏治胥飭
屏靡巧以崇儉
賑窮獨以霈恩休哉
太祖之政乎罔非
法天啓運者矣
躬萬幾以攬斷

勑庶職以考成耕歛時其省觀暵溢形諸咨
慮
切如傷之念則賑徧於黔黎
懷閔罪之心則仁流於囹圄荒陬絕徼
廟算悉周長鯨短狐天戈旋定休哉
世宗之政乎罔非
法天保治者美夫其殷薦禋祀崇嚴若彼而
其愼位圖理懋敬若此是以
天心閒懌

帝祉繁昌

保世綿統之休永垂萬禩而

景炎鴻號至與虞周媲隆也惟我

皇上秉虔祗祀昭膺

天眷眞足以仰紹

祖

考之前休矣然聖人有恒敬不以勤祀而遽安

上帝無常享不以時歆為是時則我

皇上所以圖溉

天命者亦惟於
聖政加之意焉耳
善承綏佑之隆
益勵憂勤之志
巽命將發則曰吾代天言者得無與天違歟
乾剛將運則曰吾代天工者得無與天背歟
天有日月則法其明以宰理萬幾焉天有
雨露則法其恩以潤澤萬民焉天有雷霆
則法其威以震慴羣慝焉天有四時則法

其運以自彊不息[illegible]而又端好尚節嗜欲
愼威儀閑起居[illegible][illegible]佞審用舍燭閭閻之
隱重邉鄙之防旌敢言之臣决近習之蔽
如是則雖陶匏蒲越之未陳炬燎鬱蕭之
未設
昊天固已鑒之矣以薦無違之
嘉德以迓申錫之純嘏較之謹一時之驩假
而藉祝史以正辭者功相百也是道也我
祖

宗之道也亦古帝王之道也
皇上之所當恪守以自求多福者其在兹乎書
曰勑天之命惟時惟幾周詩曰我其夙夜
畏天之威于時保之敢為執事者誦不識
可轉聞於
上否

第二問

田一儁

同考試官郎中劉　批　聖經[illegible][illegible]之其窮經以

明道耳經典學判世鮮大儒偽說若出亂真害
正人并疑且詆焉甚矣讀所條對剖析幾微歸
極理要合程方所論而斷之獨見直欲明真傳
以衛正學殆力任斯文之寄而弘毅不撓者耶
愚將佩服期與交勗焉

同考試官左給事中張　批　自六籍逸而異說亂經
雜儒興而異學亂德有識者抱切深憂是篇剖
析情實備極曲隱且示人以翊經輔教之所從
繇廓如也豈先憂預防以正人心而能力任斯

文之重者乎三復之爲子敬美

同考試官編修戴　批　僞書雜學世多溺而不察此作獨能剖斷明白至摸寫亂真害正情狀尤洞然如見非篤信好學何能及此敬服敬服

同考試官編修李　批　聖經聖學昭然萬世如日中天縱僞書雜學亂真害正自是無損此策能詳辨其非未復示以要歸可爲後學指南矣

同考試官編修林　批　古聖傳經學以垂世自僞書雜儒亂之而道術將爲天下裂矣此作指

出真僞邪正的然可據大有補於世教者也宜
錄之以示後學

考試官學士殷　批　僞書興學亂真害正使人
弁聖經正學疑且訾焉關繫匪細此策辨析精
當盖夙抱翊經衛道之志者取之

考試官大學士李　批　尊經崇儒

國家治世大猷也僞書亂真雜學病正所繫世道人心甚重是
作能析真僞正邪之辨必窮經志學而有得者
高薦允宜

經以載道而後世之書多僞也則聖人之
經紊矣學以致道而後世之儒多雜也則
聖人之學病矣夫僞書者依先王模古昔
閎肆新奇使人易信而善失真故曰紊經
雜儒者引詭言持異說偏僻幽眇使人易
溺而多害正故曰病學經不可使紊也是
故惡夫僞也學不可使病也是故惡夫雜
也若乃盡疑聖人之經而輕訾聖人之學
則又豈知道者哉惟知道則可以齊世意

指執士習尚明教化而同風俗矣今夫道
者原于天地備于聖人經學之所從出也
昔者聖人之作經也樞紐造化陶冶性情
綱紀政事宣達中和扶植名分垂恒久之
至教洩神化之奧旨莫非道也其爲學也
徹上下會精粗成終始該博約自致知格
物至乎平天下一致也自灑掃應對至乎
神化性命一貫也莫非道也道無二致故
經無二教學無二術也自昔帝王樹風聲

派顯號錫皇極而升大猷者曷嘗不表章經籍崇尚儒學乎考之成周小史掌邦國之志外史掌三皇五帝之書籍如此乎備也樂正以詩書禮樂造士司徒以德行道藝登賢教如此乎純也而異言有禁左道有誅防之如此乎嚴也故其黨庠術序之所傳布經生學士之所研究蓋終其身安而不遷焉是以國無異政家無殊俗人無枝言聖人之經學燦然大明於天下噫何

其盛也自秦人燔書坑儒使天下不睹聖人之遺籍不聞聖人之正指于是乎諸書遞作百氏叢興意義各殊軌轍益衆其甚者舍經而信讖諱之書去儒而從佛老之教聖人之道又何其厄也然讖諱之書以艱深隱澁之辭飾牽附鉤抉之術人固得以不經斥之如劉勰正緯之說是已佛老之教以謬悠荒僻之論隱虛無寂滅之旨人固得以異學闢之如韓愈原道之篇是

已何者辟之于經不可以匹而佛老之于
儒不可以混而一也則猶章章易辨者也
乃天下固有僞而似真雜而似正使人惑
于似是之迹而忽于毫釐之差者則辨之
甚難而不可以不辨也今夫姒氏平水土
而巫步多禹扁鵲盧人也而醫多盧此雜
僞而假真者也人有姓孔而謬字仲尼者
服其服升其堂則仲尼也優孟學叔敖三
日而見楚王王見之則叔敖也此名是而

實非者也然則天下之僞書與所謂雜儒者視此奚異哉夫世傳汲冢書爲周書其言文武周公之際似矣然藏魔以億計則非仁人之師積穀以覊言則非王者之治其稱周書者僞也世傳夏小正爲夏書蓋取吾得夏時之言似矣然以爲令善則何以不如時解月令之全以爲書存則何以不列禹貢胤征之次其稱夏書者僞也夫周夏之書猶後出也乃三墳書則左史所

讀安國所稱宜爲有徵而足信者然太素
太初之說則剽莊列之餘言圖丘封策之
文則摭周漢之規制蓋是書之亡已久而
後世僞爲之者也觀序書斷自唐虞而不
及三皇非明證耶兩漢儒林無慮數十
蓋彬彬盛矣然授書而懷青紫之慕稽古
而誇車馬之榮他可知也則聲利雜之也
唐傳儒學不下兩漢蓋增增衆矣然南郊
建議而謟女后春宮侍讀而黨叔文他可

知也則巧佞雜之也夫漢唐之儒不必論
也乃宋儒林傳所載則服膺聖言究心吾
道宜皆淳粹而可宗者然以金華之學而
不免乎傷巧之譏以永康之學而猶涉于
粗豪之習則得其性之所近而不自知其
雜者也觀宋史别傳儒林而不係之道學
非定論耶由是言之經亡而後天下有僞
書僞書出而經益亡矣學絶而後天下多
雜儒雜儒出而學益絶矣此道術分合之

幾理學存亡之自胡可忽也然天下固多
信而溺焉者何也爲其似也夫佶屈似深
淺俚似質譎詭似奇剿襲似摭能使誇者
炫其博而不知游淫汗漫之無歸誕者樂
其異而不知隱賾幽遐之匪實則僞之所
以亂真也局曲似忠信矯亢似廉潔汎濫
似廣大清虛似高明能使惑者任口耳而
失精微辟者執意見而離道本則雜之所
以害正也故君子任真以祛僞崇正以黜

雜不令似是者得參乎其間則窮經有要而論學有準矣正學方氏之言曰辨偽書之法有三味其辭以望其世之先後還其名以求其事之是非質諸道以索其旨之淺深而真偽無所眩矣茲其窮經不庶幾乎明道程子之言曰今之學者其弊有三或牽于訓詁或溺于詞章或流于異端惟知道者乃儒者之學也茲其論學不既當乎故由方氏之說則可以契勘諸書而不

迷于聖經由程子之說則可以評騭諸儒而不謬于聖學尚奚偽與雜之患哉奈何世之不察也其偽之不能辨而并以疑真其雜之不能識而乃以詆正讀易者動謂什翼非仲尼之旨讀周禮者輒詆六官為戰國之書歌哭一言而洛蜀之黨遂成誠正一跡而偽學之禁遂起吁亦謬甚矣夫噎者創食食終不可廢爲寇者挾弓矢弓矢卒不可禁也乃偽書之奈經雜儒之病

學亦僞者雜者之罪耳經與學烏可罪哉
嗟夫二帝三王之道載在六經傳自孔氏
如日月之麗天而未嘗隱也如江河之行
地而未嘗息也苟能察之精合之大而守
之篤則經自我會而渾然一出于真學自
我明而粹然一歸于正天下無異道而經
學無異說矣一道德以同風俗有世道之
責者可不加之意哉

第三問

陳于陛

同考試官主事蔣　批　學行純懿智識宏遠論才考心術較然以古人德行事業自期待者允宜優薦

同考試官檢討高　批　論才乃本於心非養深而識到耶即以子進宜為得真才要矣

考試官學士殷　批　觀人當先心術而後才智識不易之論

考試官大學士李　批　人才淑慝辨析精邃可以占所養矣錄之

士君子之所以受大荷艱而成天下之務者其具有二曰才智曰心術才智者所以致用也心術者所以立本也才智之不足則志眩於糾紛氣奪於震撼明疎於先事斷失於當幾而求事之成也不可得矣然才智雖具而心術之未正則偏駁之習勝而妄作之弊滋夸飾之計工而宣力之誠寡卒亦獵虛聲塞空文焉耳矣而事必不可成是故才智心術此兩者交相濟也心

術得才智為之用然後幹濟之策不窮才智得心術為之本然後運用之樞不謬若然則以之受大以之荷艱以之樹勛炳業何所不可是之謂真才而國賴焉若心術之弗論徒取炫才鼓智者畀之柄而幾其成吾見其寡所樹立而或且貽疚也嗚乎才之所關重矣盤錯棼結非才不紓艱難杌桯非才不定宿蠹隱弊非才不剔禍變劻勷非才不平才者所以經國家安社稷

茈生民也顧不重與帝王之朝辨材而官
器能而使其彬彬濟濟展采錯事莫非才
矣乃孔子遐覽帝臣近觀王佐猶喟然興
歎曰才難不其然乎是求才於綦隆之世
固若此其希覯矣何論下代哉夫才何難
也盖聖人之所謂才者與俗才異要皆沉
涵學問被服道德其心淵以塞其氣直以
亮其情正以大其守專以確由是上之尊
主寧邦下之拯民扶世內之定朝著之議

外之扞疆圉之變凡諸解紛批難決蠹弭禍靡發不當靡施不效五臣佐虞十亂翼周勳熙名彪炳與穹壤並用此道也所謂才智具而心術正者也鴻範曰人之有能有為使羞其行而邦其昌夫有能有為亦足矣而王者之教猶必責之以行行云何端本敦實是也縣斯以談行之不羞即有能有為莫之貴矣聖人之所謂才者如此自後世以才德為難兼遂謂用才者必略瑕

纇破繩墨惟其所能固苛責焉此固一道也顧自今論之此短彼長略之可也至於性術之源闇沕而畢滯則不可以槩略微過細累恕之可也至於名檢之防毀裂而軼縱則不可以苟恕何以明其然也今夫木之為材也有纖鉅有直曲匠石因而善用之鉅者棟之纖者桷之直者軾之曲者輪之乃若膚完而腹蠹連抱之木不一操引領馬馬有逸足而未馴者苟得御者為

之駕無害爲良馬乃若橫奔狂突絕銜斷轡即范氏造父不顧有也然則性術之閫沕甲漢亦蠹腹之木之類也名檢之毀裂軼縱亦絕銜之馬之類也假令溺於器使之說若人者槩取其能錄之無乃誤歟夫用人之智去其詐固有是言也然所謂用者蓋特薄試而已而遽以論於大受則非矣跅弛之士皆在所馭亦嘗前聞也然所謂跅弛者其細節失也而遽以忽於大閑

則詩矣是故士有負違俗之累卒能見奇
標異令謹愿者退遜蓋其行雖未粹於正
而其心固犖犖也談者不察即欲求才於
常法之外曰驁士未足與應變徂詐皆可
以作使此非訓也鑒之急於己疾也患和
餌難放乃取鉤吻烏喙試之俾其一中不
知鉤吻烏喙之毒進而斃轉趣也故藥之
投也貴乎審性才之用也貴乎論心孔子
有言曰弓調然後求勁馬服然後求良士

慭然後求智此之謂也然則士之先心術
而後才知不既章章明甚也哉且以往事
評之畧平大難再造王室此其扶天步於
既傾之日郭汾陽不稱才乎迺其所以致
此者寔其忠精之心始之觀其旋起旋廢
聞命勇趨而至誠一壓即氊裘為之革面
他可知矣決策淮蔡蔡望華夷此其當國
事於多故之秋裴晉公不稱才乎迺其所
以致此者實其堅正之操先之觀其主憂

臣辱以死自誓而赤心一示雖反側為之
歸誠他可知矣政握惟帝搆生宮掖時事
屬危疑矣忠獻數語即成撤簾之功歐陽
氏稱之為搢紳正笏措天下於泰山何其
才也吏考其人則識度英偉心事磊落嘗
曰人臣當盡力事君死生以之吁此固鴻
功之所由建也已憸人柄國新法毒民時
政已極弊矣文正一相即慰加額之望史
臣贊之為毅然任天下有旋乾轉坤之力

何異求也尚論其素則語不及衷誠心良然嘗曰吾生平所為無不可對人言者吁此固偉績之所由樹也已之數君子者著勛烈於當年流聲光於來禩此其心術之光明瑰偉與其才智之敏達還發者交相濟焉而後成也語曰誠與才合若此者非邪甚矣哉心之為要也而徒恃才以自炫者失其本矣吾嘗覩才之為疵有六焉不可不察也崇論閎議浮游無當聽言則辯

覈實則疏者其名曰厲賈矯矯察察暴能市
譽苟飾容觀弗本悃愊者其名曰誇才足
飾貌智足文奸閃倏狡獪不可方物者其
名曰譎秉心維褊黨同伐異專己出曲
為撓敗者其名曰忮巧於自營不為事始
見便而赴知難而避者其名曰私託為豪
舉傲然自肆蕩節踰檢越經傷訓者其名
曰放此六者才之疵也邪心累之也蓋才
也苟出於心術之正則其所翕張措設

為盡能為極慮為奉公為伏節而茍以不正之心主之則六疵往往不免焉夫盡能極慮矣奉公伏節矣無論鉅才即才之未至亦必稍有以自見何則天下未有有實心而無實效者也贋與夸矣諂與攸矣私與放矣無論非才即才焉亦歸於罔濟何則天下未有無善念而有善績者也是故任事者立心為上而才次之觀人者論心為上而才亦次之方今時事之艱不可殫

舉其欲得才而用之甚於中流之望楫也當宁之所企懷鈞衡之所引拔烝烝羣拓乘運濯磨者豈盡無人而名溢於實業負於望者尚衆也始以才揚旋以無奇報矣或乃以僨事譴垢聲斥矣此非其才不給之過也蓋士習日衰而人心多辟或為之而無實或用之於不善無實則不肯盡効其才不善則才秪所以益弊國謀移於身計憲慮奪於詭圖所以自為則得矣於

國家生民曷利哉愚故曰邪心之為累也然
則觀人之道信莫有踰於論心者矣覈之
實以觀其誠投之艱以觀其任示之利以
觀其潔臨之競以觀其潛考之惠和以觀
其德察之涵容以觀其量蓋必志慮忠實
操尚雅正者乃亟進之即才未優而心足
任亦有取焉彼慝其心者雖才弗錄則庶
幾哉精白之道長虛偽之風息宣化之臣
誠布德意作事之臣誠修職業真才朋興

而理道張矣究其歸雖與虞周之治校隆

論烈可也故曰純心以靖效者立業之臣

也探蘊以論才者成功之主也嗟夫知人

之難在難知心迴知忱恂蓋自古論之矣

不識執事以爲何如

第四問

張位

同考試官都給事中王　批議論淨確少多采決施

措當否世道關焉從古然矣經生鮮詳覈者[illegible]

此策清新健雅博洽老成折衷躍然中的宜
以裨
國是
同考試官檢討沈 批 議不貴多惟其是而已
此策上下古今權衡可否洞有的見豈經生而
達治體者耶錄之
同考試官編修周 批 議事貴實斷事貴公此
古今不易定論子能主以是說而濟以詳洽之
學宏博之詞良可以裨

廟謨奚宜錄

同考試官修撰徐　批　議論愈多則國是愈不
定自昔病之此作闡發詳盡殆可與識天下事
者宜錄

考試官學士殷　批　國是定然後謀與斷有攸屬
誠確論也末復歸本君心尤見卓識

考試官大學士李　批　尚寬秉公謀斷相濟則天
下無事矣是作發明詳悉蓋亦足與議者焉
之

夫濟國事者恒尚謀而謀不必其多也責之以實而已矣定國論者恒尚斷而斷不必其獨也持之以公而已矣何則謀所以集衆思也然哆口支辭而無當于經濟之實則謀不足以濟而適以僨事斷所以屈羣策也偏信專決而有乖于聽納之公則斷不足以成而適以敗謀是二者胥病也是故善為天下者謀貴多也亦貴實也斷貴獨也亦貴公也則國是定而天下之治日

起而有功矣執事患議論之紛綸而謀斷之罔據也乃以策愚生夫愚生愚足與議哉雖然嘗聞之矣箕子之衍疇曰汝則有大疑謀及卿士成王之訓官曰議事以制政乃不迷是周治蓋尚議也然非始于周也王通氏曰昔黃帝有合宮之聽堯有衢室之問舜有總章之訪皆議之謂也夫上世之政悶悶爾民淳淳爾乃黃帝堯舜又至神聖也而必用議何也夫千金之裘非

一狐之腋百棟之厦非一木之任天下之大非一夫之謀也黄帝堯舜之世俊乂充庭岳牧布席曷嘗不兼天下之謀并天下之智乎然下有建議之實而無其名上有用議之效而無其迹此上世所以極治也後之立國者政事叢興法令寖密因革弛張之故不可勝紀而深計遠慮之士扼腕而談當世殫忠效奇之臣矢心而謨廟堂是非可否之論陳于前而成敗得失之幾

判于後于是乎議者日益衆聽者日益煩
下有建議之名而核實則爭上有用議之
迹而稽效則鮮其治不逮古豈直倍蓰什
伯哉夫三代無論已即漢唐宋有可考者
西漢之初用人先長者而退便給論事持
大體而厭文苛具議論猶寡也其後事北
邊則王恢安國之議興置鹽鐵則文學大
夫之議起定毀廟則韋匡王劉之議出議
非不加詳也而西漢之業衰矣東漢之初

慎政體而攬權綱崇教化而勵風俗其議論猶簡也厥後議西域則班勇崔據之雜難議涼州則鄧騭虞詡之異同議貢舉則左雄胡廣之駁正議非不加慎也而東漢之政紊矣唐與宋亦然唐之興也房杜任謀斷王魏議可否而已既而府兵壞則議彍騎租庸壞則議兩稅議平涼之盟而張李之隙深議維州之降而牛李之黨構是故終唐之世而亂日多也宋之盛也佐命

之臣能決大計守文之相能持大體而已
既而新法之議倡于熙寧紹述之議棲于
紹聖調停之說未已而黨議旋生恢復之
計未行而和議遽起是故終宋之世而成
功少也夫議則由寡而至于多治則由盛
而至于衰此何以說也蓋開創之時法定
而事簡承平之後法變而事煩簡者議不
得不寡煩者議不得不多寡者無害其為
盛而多者無救于其衰也此古今之大較

也然則天下之議論可廢乎曰不可也係乎謀與斷之善而已司馬光曰謀之貴多斷之在獨謀之多故可以盡利害之極致斷之獨故可以決天下之是非至哉乎其言也雖然其所謂謀之多者非徇人之謂也所謂斷之獨者非自用之謂也謀必資斷以立故無盈庭築室之議斷必因謀以用故無偏信獨任之失二者交助而相成則天下之事可得而理也乃後世之建議

者皆曰善謀矣然馳辯博之說而不要其歸則棘刺白馬之誕也持局曲之見而不窺其大則夏蟲井蛙之陋也急更張之論而不虞其失則烹鮮治絲之擾也忽禍患之微而不圖其萌則積薪直突之愚也修藻繢之詞而不適于用則塵飯塗羹之戲也言之弗可行行之弗可續無乃為口說之勝而不出乎實者乎若是則多奚以為也後世之所議者皆曰能斷矣然所長焉

用事情者也而以辨傅意之則以爲迂而不切所議爲中體要者也而以局曲量之則以爲拘而難通所議爲達權變者也而以更張病之則爲好從事而喜功所議爲趨便利者也而以禍患怵之則以爲玩細娛而忽大所議爲成經緯者也而以藻繢視之則以爲務矜耀而近名善者不必庸庸者不必善無乃爲偏頗之見而不出于公者乎若是則奚貴于獨也夫謀之多也

文病之斷之獨也私累之是可不深探其原而力救其弊耶然救文之弊莫若以實救私之弊莫若以公而所謂實與公者非出乎謀與斷之外也亦曰定于國是而已昔楚莊王問國是也孫叔敖曰臣恐王之不能定也故叔敖以楚治能定國是之效也陳瓘乃謂國是之說其文不見于二典其事不出于三代而非之蓋惡夫借以行私者耳非根極之論也今夫射者習乎矢

正容節省括而後釋者斯中的也梓人左
執引右執斤量築杙而施斲焉者期中繩
墨也乃議論而不惟國是之求是不以的
射而棄繩墨削也而可乎且國是無常形
也即理之所是而不可易人心之所共是
而不可渝者也故治功宜振也則厲精率
作之議是而優柔牽制者非矣治體宜崇
也則博大含洪之議是而苛細操切者非
矣畫一者宜守也則規隨繼述之議是而

舞智亂法者非矣大壞者宜飭也則懲奸剔蠹之議是而因陋蹈常者非矣此國是之不可易者也然而非一人之私也已不必是而人是之則舍己而從人可也衆人不必是而君子是之則舍衆人而從君子可也一時不必是而萬世是之則舍一時而從萬世可也此國是之不可泥者也知其是而議之則堅于金石信于四時爲天下之至實據其是而斷之則如鐵斯宜如

衡斯平為天下之至公將見綜核之法行而經濟之功舉合併之理得而聽納之道弘漢唐宋之盛不足儷矣異議論紛紜之足患哉抑又有說焉國事攄策陳見攄誠期以安社稷而利國家者百官之事也開誠布公推賢達善持衆美而效之君者大臣之責也無照為明合聽為聰審好惡以定取舍者人君之體也君務責實則下以實自效君務盡公則下以公自持君表正

而影隨聲出而響荅矣不然則上下相蒙以文而實政愈乖相勝以私而公道愈晦一議罷復一議行一議息復一議起將天下之議論何時而已哉漢唐宋之末路是已董子曰人君正心以正朝廷正朝廷以正百官斯言也又定國是之本也愚生妄議如此惟執事教之

第五問

王昌[illegible]對

同考試官主事蔡　批　直指覈實綦黔至議御裨安攘大計而蒭蕘自儕陳詞足占經世之實學

同考試官檢討戚　批　策兩此事不外戰守撫剿子獨上戰剿而以守撫資之此豪傑之見也識得人以任之而以覈其功罪之實則安攘可計日待矣

考試官學士殷　批　籌畫戰守撫剿深中機宜而終以覈實之說蓋留心於經濟者

考試官大學士李　批　南北機宜敷陳詳核有用之

才也他日豈獨可當一面已耶

中國之有蠻夷寇賊也自古而患之矣古稱治世莫過於唐虞而猾夏之警姦宄之防日競競焉顧所恃以驅逐而剗除之者在中國有其備耳今之時不名為治平無事乎而往往惟二者是患廟堂拊髀沮則計折衝君子聽鼓鼙則思將帥非不甚亟也而圖方略者靡探其要領給任使者罔究夫實功頻年以來兵不解於外民日困

於內而無有休時此誠謀臣義士扼腕之秋也而盍無所以處此乎且在西北則患夷在東南則患寇南北之勢大小不同而其患則一宣大薊鎮者密邇京邑夷所偵伺而恆欲乘之者也其視西鎮爲尤重故自開平遷而患切於上谷則藩屏撤東勝移而患叢於雲中則門庭弛全寧徙而患侵於漁陽則薊墻震遂致鑪幕日逼疆場時聳騷騷且延於內地矣南粵者聯絡險

塞寇所盤結非一日也其在今日為尤悍
故自羅山涿水之竄伏而患入於經絡岑
崗高沙下歷之出沒而患生於肘腋潮患
水寨之繹騷而患剝於肌膚遂致萑苻嘯
聚邑里蕭條行將滋蔓於接壤矣然夷與
寇則異形也畧言之夫夷鳥舉獸軼勢若
搏景其物莫可當也挾驃突騎鋒踰迅飈
其隊弗能支也矯箭累絃中必破的其技
無與敵也寇則蜂屯麇跳東擊西馳其變

叵測也懸厓窮箐架巢列柵其險難陵也
按機熵搆隨撲輙熾其黨未易散也故在
夷譬之虎狼嘯而駭動怒而噬齧暴戾莫
制而捕之者必以檻穽以戈矛鳴鉦鼓而
逐之否則莫克至於寇譬之虵鼠雖無駭
動之威而有噬齧之惡蠹物螫人時止時
作必燻灼之灌注之使不得入於窟穴而
後已故御夷與弭寇之策異也御夷者鼓
熊羆之勇而快志狼封則必稱戰懷柔土

之思而養威虎據則必稱守然而戰與守相須而不可以膠用也弭寇者主於撫則欲息兵而軫荊棘之憂主於勦則將耀武而釋郊壘之耻然而勦與撫相格而不可以倒施也今之建策者舍是無可指陳矣愚請先陳南北之事之所以弊者而後籌戰守勦撫之策可乎比見疆圉之臣割境分圻列埤乘障虜方壓境則擁兵以自衛畫地以俾全與不入吾之界已矣而諸所

敗衂顧以異壤者當之比其登垣則托收保以爲解假對壘以示雄曾不敢少嬰其鋒而馴至窮蹙則以創卒餧之數十年間不遺虜一鏃之費而縱出縱入窮來富歸猶水漏卮欲以捧土塞之弗能禁矣而奚以守爲耶愚則謂非大懲創之不可也寇賊之性非必素皆兇頑未嘗不畏誅討間有梟桀者恣其鹵掠而上不能問飛檄諭之厚賄啗之彼見威詘而必已招也益無

附倖而刼民日衆民始奉令而與之角既見從事姑息曲為寛假是賊反得利而上復不為已地也益無所恃而從賊日多數千里内民賊雜揉而愈招愈起此服彼叛猶惜見啼以飴餂之飴盡而啼弗已矣而奚以撫為耶愚則謂必盡鏟薙之可也然所謂必戰而可守者非窮征黷伐也欲以戰為守以守為戰也所謂宜剿而不當專撫者非不顧徵兵靡財也欲剿存撫情撫

寓勦威也何也守可以截畸侵而難以逞
大舉所以張犄角之形而非以抗四面之
敵也故曰宜戰虜雖無歲不入然每入必
易其地而其入也又非一蹤至也有先聲
焉亦或所入在此所向在彼皆可覘而知
也則據扼設伏窺隘出奇或撓其前或要
其後使虜駾喙而不敢進則視我之瑕且
以為堅視我之虛且以為實而制勝常在
我矣夫如是始可與守而至於嚴亭障也

餉也戚也置保伍也佳間諜也皆守之之
具也亦所以為戰資也撫能行於賊之既
至而不能行於令之已弛所以開自新之
路而非以待怙終之奸也故曰宜剿夫民
非樂為賊也亦予弄兵圖以假息一時而
兵連日久民怨方深於是乎用民之情厚
集其勢懸購賞之令使自攜其黨而後發
備師以襲之率大衆以臨之若其他厲通
山之禁也盤擣巢之旅也峻入海之防也

皆剿之也而脅從醜類有未殄者則罔治
馬彼將慹然服矣如是而撫必不叛也而
可無用剿也夫戰以固其守剿以濟其撫
之不能所謂要也而尤當覈實焉今執綏
於北者非將帥乎保障於南者非牧守乎
舉溺其職矣虜賊未至則奸闌出入以恣
詭謀既至則偽增聲數以肆恐喝已敗則
徃復曲說以避罪愆少有得則虛張首功
以覬遷賞其苟且無虞也則玩愒歲時泄

泄然日夜跂徙官而釋負也一旦有警也
則四顧愕眙怵然相戒而莫能誰何也上
慢下欺積弊若茲莫可挽矣若而臣也而
於
國家何賴哉是不可不覈也覈實之說人人
能言之而卒不獲有實效則參驗之法振
勵之權未舉也今亦豈無知勇之士足任
南北事者乎有勞不錄及朘剥之或有罪
也以私而掩護之其誰知勸懲而戮力為

也此其失也失振勵也獵聲華者以爲能而見膚其悃欵無文者而反不察也其執思篤棐盡瘁而自効也此其失也失參驗也惟廟堂以責督撫之臣俾各舉所知而以其所宜寄之不能將不取其佻利不能守不取其夸毗而又破譽之私審功罪之迹凡奸旗鼓者必刑避鋒鏑者必刑巧計以觀望者亟刑之而失舉之罪同爲健摧陷者必賞能保一區者必賞其殊能[illegible]

績者厚賞之而得舉之功同焉審爾則上
擇務精下奮盡力才將賢守自輩出而効
用以堅建
明時矣夫得將如李牧趙充國何襜襤不滅
先零不誅有朱博龔遂者為之守又何渤
海瑯琊難治耶愚生闇於大計無能為
國家畫奇策徒述所聞以復明問執事者其
可否焉

會試錄後序

隆慶戊辰春二月禮部會試

天下士蓋我

皇上籲俊尊

帝首舉也大學士臣春芳寔奉

簡命主試事臣士儋以次亦濫及

焉是月也

9375

皇上御經筵臣　且直日講既被
命輟直
陛辭偕諸臣竭力祗事事既竣
臣　當有言末簡竊伏自惟臣
齊人也樸拙而鮮智能賴
先帝之靈使事
皇上裕邸承乏講勸之末仰惟

天縱睿哲孳孳
聖學留神經史或時風雨寒暑靡
倦顧臣陋學淺識無少裨益
猥荷
寵數優渥多踰分涯恒自惕慄
曁
皇上臨御以來殊不自意無勞被

遇一歲拔擢至禮卿
恩結于心頂踵莫知所措日夜
思効其愚以陳銖兩之報未
有當也今復叨承
任使獲附以人事
君之義圖報塞於萬分一尚亦有
天幸哉

明興垂二百年重熙累洽培植
深厚
先帝在位久禮樂政教鼓舞陶鑄
文治彬彬日隆
皇上紹基立極首頒
明詔崇實抑浮與天下更始諸繆
濫進不以正者一切汰斥方

且
召用耆儁
率由舊章兇
仁義之休風弘
帝王之盛節
德化旁敷
神人交贊詩曰周雖舊邦其命

維新易曰聖人作而萬物覩
其
今日之謂乎士挾筴升進乃茲
會逢其適誠千載一時也故
臣既自幸遭際非偶而又竊
計貢籍中當有名世士躡風
雲之會以出仰副

求賢圖治盛心者及握士所爲
文讀之果能根極道原恢張
王畧雖體裁殊致要皆宗六
經紬百氏滌濯滓窳發抒性
靈其詞博雅中倫其旨廓閎
邃遠臣盱衡擊節而不可勝
收庶哉所謂名世者其在兹

矣豈非
祖宗之所儲育以詒
皇上
皇上之所潤澤以新
佑命者邪臣夙昔冀圖報塞者庶
有以藉手則敢不自慶然臣
又竦意大懼焉何懼也臣所

知而舉者先資之言也而自
獻以成信則在諸士諸士褻
然當
聖明首舉宜不第為章句儒以辱
此奇遘即他日銜
命服官聲實相副出而宣力入而
論思趣舍當

上意庶幾依
堯舜之末光與皐夔稷契先後方
軌則臣之至願也若乃剽儒
墨以自媒已盡舉而庸違之
其流淟涊浮沉滑稽哆辯甘
負公家以厚自殖辟則珉中
而玉表鷙翰而鳳鳴曾具臣

弗屑也尚謂名世士耶臣又
聞進賢如不得已將使卑踰
尊蹠踰戚其道重始進也臣
不佞頃嘗佐銓部計天下羣
吏無論委瑣握齱奇袤滛怠
棄置勿疑即踔絶斂便衆夙
稱材幹或高譚倖論自與賢

智志行稍盬一涉風聽法輒
不得姑息咸曰
聖天子方廣制科登賢選良以期
實用而圖共理無所事借才
也藉令今日所舉不必賢於
前日所錯則諸士負臣臣又
負

皇上臣且安所逃罪是可以無懼

乎昔魏子謂賈辛曰今汝有

力於王室吾是以舉汝行乎

敬之哉臣故於諸士始進亦

復相勗如此云

禮部尚書兼翰林院學士掌

詹事府事殷士儋謹序

雲南鄉試錄序

萬曆元年癸酉秋雲南當大

比士我

皇上龍飛第一科也先期巡撫兵

部左侍郎鄒（應龍）巡按監察

御史侯（居良）以滇人文日盛

會疏

請廣解額特荷
俞旨增于舊五人至期巡按御史
馬三樂寔司監臨矢於衆曰
玆典也視昔益加隆矣敢不
敬共哉乃以大訓及學正勞
守謙司考試學正陳講教諭
葉于僉馮世龍方瑗佘賡同

考試提調則右布政使桂嘉

孝右叅政張仲謙監試則副

使林一新湯仲暨百執事咸

慎選以充遂合提學副使陳

洙所簡士一千三百有奇鎖

院三試之謹遵

新額拔四十有五人併錄其文

之優者馳獻

闕下大訓當庠諸首爰進諸士

告之曰若等之有今日其知

遭逢之自與

國家所以甄錄之意乎夫人才

之生關乎氣運其盛也每先

於近而極於遠故書稱帝德

光于海隅萬邦黎獻共惟帝
臣言所被者遠也盛之極也
滇南距
神京萬里爲古靡莫之屬自秦
通道漸附中國俗尚雜夷歷
漢唐宋而莫之變迨我
皇祖開基

列聖嗣統漸磨淪浹迄今二百餘
年建學造士設科賓興率如
制至嘉靖間復闢專科以待之往
往魁奇儁朗之才出焉與中
土埒矣肆我
聖天子踐序履元文教覃敷
湛恩汪濊而兹藩特廑

注嚮首廣取士之額猗歟休哉海隅光被黎獻共臣其與虞書所稱豈異耶夫處僻壤者患淪於夷力作服勤等之黔首患不得爲士既雍容儒紳事呫嗶而抱鉛槧列於士矣患不得際時令諸士遠在南

服咸荷
豐芑培植
化籥甄陶脫夷習而躋之泰途
拔茅彙進名登
天府至以不能盡錄求之額外焉
豈非千載一時耶夫涵濡于
聖澤不知所仰戴而圖報稱者不

可言忠身際

明時靡所發憤而徼倖一得甘與

庸庸者伍不可言志諸士於

此寧能無槩于中與夫所謂

忠志之士純明直亮砥節礪

猷事專于報

主而念切於圖功展采錯事惟所

任使而罔不効歷試夷險不
以貳其心此公家之所急而
今日之所求也茲所得果皆
若人否乎且大訓等所爲錄
士者第尺寸之文耳讀其文
則芹曝思獻孰非願忠抱膝
先憂孰非明志不敢謂無其

人也果能成先資之信而文
副其實乎大訓用是鰓鰓懼
焉已而思之洪爐鼓煽萬彙
鑄陶候管飛灰羣生蠕動何
者氣機之感也今當
文明之運適値
一元之始

聖念殷渥首先遠人而滇山川尤
素稱名勝金碧儲精昆洱孕
秀豈無忠志之士挺出其間
以應
昌期而副令之求者哉誠有之則
不虛賓興之
盛典不負廣額之

9400

特恩大訓等庶可以釋懼已若徒
傳于時義之尺寸始以是錄
而終乃謬盭不然則古所謂
靜言庸違者耳卽取盈于額
數
國家安賴焉夫飾土舟以求濟
鮮不溺矣操鉛刀以施割鮮

不折矣諸士愼毋類之也大

訓益用是懼是舉也鎭守黔

國公沐昌祚世享茅封與議

會

請刑部郎中黃焯奉

使恤錄適觀厥成而經理防範

于外者則左參政林烶章左

參議馮(子京)右參議卜(炯)副使許(公尙)張(文淵)徐(尙)僉事蹇(來譽)署田(應弼)署都指揮僉事吳(顯志)孫(世泰)參將楊(洲鶴)若入

賀右參政王(應顯)副使劉(志伊)入

觀左布政使陳(時範)按察使羅(九

禎
皆先事與勞例得竝書云
江西建昌府儒學教授陳大
訓
謹序

萬曆元年雲南鄉試

監臨官

巡按雲南監察御史馬三樂 克性山東陽信縣人乙丑進士

提調官

雲南等處承宣布政使司右布政使桂嘉孝 純甫四川成都縣人癸丑進士

雲南等處承宣布政使司右參政張仲謙 士益直隸上海縣籍華亭縣人己未進士

監試官

雲南等處提刑按察司副使林一新 從起福建晉江縣人丁未進士

雲南等處提刑按察司副使湯仰 子山四川新都縣人己未進士

考試官

江西建昌府儒學教授陳大訓 士由直隸長洲縣人庚子貢士

湖廣衡州府桂陽州儒學學正勞守謙 光仲廣東新會縣人辛酉貢士

同考試官

河南汝州儒學學正陳翡 用儀江西南昌縣人巳酉貢士

湖廣黃州府黃岡縣儒學教諭葉于僉 求諸福建閩縣人乙卯貢士

四川成都府成都縣儒學教諭馮世龍 嘉從貴州永寧衛籍浙江錢塘縣人丁卯貢士

江西九江府德安縣儒學教諭方瑗 惟相四川奉節縣人乙卯貢士

四川成都府溫江縣儒學教諭佘賡 世鳴貴州前衛官籍直隸全椒縣人庚午貢士

印卷官

雲南等處承宣布政使司經歷司經歷李繼芳 德馨福建建陽縣人監生

雲南等處提刑按察司經歷司經歷劉　柖 惟聘廣東仁化縣人監生

收掌試卷官

雲南府知府張祥鳶 道卿直隸金壇縣人己未進士

永昌軍民府知府郭文輔 共臣金吾左衛籍山西陽曲縣人癸丑進士

廣西府知府戴時雍 達堯江西浮梁縣人癸丑進士

姚安軍民府知府楊汝允 懋功江西南昌縣人壬戌進士

受卷官

曲靖軍民府知府王　肇 子侍山東陽信縣人 壬戌進士

澂江府知府徐可久 子易廣西馬平縣人 庚子貢士

臨安府知府任惟鏜 子揚四川巴縣人 壬戌進士

大理府知府史　詡 克敏江西永新縣人 壬戌進士

廣南府知府葛　綸 理卿直隸崇山縣人 丙辰進士

彌封官

雲南府同知洪邦光 世龍福建同安縣人 戊辰進士

曲靖軍民府推官李國珍 應聘福建長樂縣人 戊午貢士

雲南府嵩明州知州鄭邦福 洪疇江西上饒縣人 辛未進士

楚雄府鎮南州知州黃 袍 君章四川南充縣人 乙卯貢士

澂江府河陽縣知縣王 都 子賢四川南充縣人 辛酉貢士

謄錄官

雲南府推官李 蓋 匡忱四川成都縣人 辛未進士

大理府推官劉 朴 文甫四川郫縣人 辛酉貢士

姚安軍民府姚州知州熊 珦 憲德江西南昌縣人 戊午貢士

澂江府陽宗縣知縣馮 旦 啓明四川南部縣人 乙卯貢士

臨安府河西縣知縣文羽麟 宗魯四川涪州人 戊午貢士

對讀官

永寧府同知魏仕賢

用可四川重慶衛官籍直隷鹽城縣人戊辰進士

武定軍民府推官張輝南

惟真貴州安莊衛籍浙江桐鄉縣人乙卯貢士

雲南府安寧州知州李東華

景瑞江西豐城縣人丙午貢士

大理府賓川州知州胡崧

仰高貴州興隆衛官籍直隷六安州人甲子貢士

楚雄府廣通縣知縣張惇

崇謙貴州貴陽府籍江西吉水縣人丁卯貢士

巡綽官

廣南衛指揮同知陳宗舜

惟孝湖廣通城縣人

臨安衛指揮僉事趙瓚

君佩順天府薊州人

曲靖衛指揮僉事馮維良

一元湖廣京山縣人

曲靖衛指揮僉事梅　英　以中直隸定遠縣人

大理衛署指揮僉事閔　照　逵夫直隸合肥縣人

木密關守禦千戶所指揮僉事王三聘　用賢原籍泉寧府人

搜檢官

雲南中衛指揮使蘇天秩　禮卿山東霑化縣人

廣南衛指揮同知崔象賢　維德直隸江都縣人

曲靖衛指揮同知金　篆　國鑑直隸滁州人

越州衛指揮同知胡來賓　觀夫直隸桐城縣人

雲南左衛指揮僉事吳　山　子靜直隸合肥縣人

臨安衛指揮僉事李延之　孝卿河南羅山縣人

供給官

雲南都指揮使司經歷司經歷陳鳳舜　虞部應天府溧水縣人　監生

雲南等處承宣布政使司經歷司都事宋琹　希賓湖廣安鄉縣人　監生

雲南等處提刑按察司照磨所照磨周堯　文思直隸泰州人　監生

楚雄府同知張大亨　體貞廣西全州人　癸卯貢士

雲南府通判黃模　希孔湖廣善化縣人　丙午貢士

臨安府石屏州知州譚文達　時義廣西賓州人　乙卯貢士

大理府趙州知州張廷儀　肅之江西浮梁縣人　壬子貢士

雲南府昆明縣知縣賀朝用 道亨四川茂州人 監生

臨安府蒙自縣知縣雷起蛟 見龍四川新寧縣人 壬子貢士

大理府經歷司經歷宋庚 子年湖廣當陽縣人 監生

雲南中衛指揮使司經歷羅袞 朝儀湖廣江夏縣人 吏員

廣南衛指揮使司經歷陳奇 子英貴州銅仁府人 吏員

臨安衛指揮使司經歷袁寵 君愛四川南部縣人 吏員

雲南府照磨所照磨劉恩 天錫四川鹽井衛人 監生

雲南府照磨所檢校呂士陞 懋德直隷太倉州人 儒士

雲南府昆明縣典史陳卞 堯楨廣東揭陽縣人 吏員

雲南府富民縣典史羅　杷　廷美浙江慈谿縣人　吏員

雲南府昆陽州三泊縣典史田留恩　君錫四川東鄉縣人　吏員

澂江府江川縣典史侯　位　正卿四川南溪縣人　吏員

雲南府晉寧州晉寧驛驛丞錢子賢　惟化直隸華亭縣人　吏員

第壹場

四書

子曰三年學不至於穀不易得也

唯天下至聖爲能聰明睿知足以有臨也寬裕溫柔足以有容也發强剛毅足以有執也齊莊中正足以有敬也文理密察足以有別也溥博淵泉而時出之溥博如天淵泉如淵見而民莫不敬言而民莫不信行而民莫不說是以聲名洋

溢乎中國施及蠻貊
居天下之廣居立天下之正位行天下之
大道

易
亨者嘉之會也
萃聚也順以說剛中而應故聚也王假有
廟致孝享也利見大人亨聚以正也用
大牲吉利有攸往順天命也觀其所聚
而天地萬物之情可見矣

履信思乎順又以尚賢也

夫乾天下之至健也

書

惟德動天無遠弗屆

今嗣王新服厥命惟新厥德終始惟一時

乃日新任官惟賢材左右惟其人臣為

上為德為下為民其難其愼惟和惟一

無偏無黨王道蕩蕩無黨無偏王道平平

雖爾身在外乃心罔不在王室

詩

三之日于耜四之日舉趾同我婦子饁彼
南畝田畯至喜七月流火九月授衣春
日載陽有鳴倉庚女執懿筐遵彼微行
爰求柔桑春日遲遲采蘩祁祁
如月之恒如日之升如南山之壽
保茲天子生仲山甫
日就月將學有緝熙于光明

春秋

夏單伯會伐宋 莊公十有四年

夏公會齊侯宋公陳侯衛侯曹伯伐鄭圍新城 秋楚人圍許諸侯遂救許 僖公六年

夏六月乙卯晉荀林父帥師及楚子戰于邲 宣公十有二年 秋蒐于紅 昭公八年

五月公及諸侯盟于皐鼬 定公四年

禮記

觀天下之物無可以稱其德者如此則得

不以少爲貴乎

進則揖之退則揚之然後玉鏘鳴也

樂者敦和率神而從天

精知畧而行之

第貳場

論

人主務聰明之實

詔誥表 內科一道

擬漢定賑窮養老之令詔 文帝元年

擬唐以尚書右丞魏徵守秘書監叅預朝
政誥貞觀三年
擬宋增置制舉六科羣臣謝表景德二年
判語五條
官員襲廕
轉解官物
禁止迎送
門禁鎖鑰
聽訟迴避

第叁場

策五道

問洪範九疇天之所以錫禹者制治大法也今考其敘五行五事八政五紀三德稽疑庶徵福極總貫于皇極之中而必曰敬用五事者豈尤爲要與自周王訪於箕子建極錫民臻八百餘年之治嗣周而王若漢唐宋亦稱長治然果有得於建極之旨者與我

太祖高皇帝觀洪範之書每自惕然遂註其旨
發明皇極無餘蘊矣
世宗肅皇帝聖惟天縱學乃日新嘗取宋儒五
箴爲註復益以
敬一之箴與
聖祖之旨有相發者可得而揄揚之與
皇上嗣建皇極欽
祖
宗之訓日敬五事無少怠遑多士會歸于極近

天子之光矣尚有可廣五事之疇者謹著于篇
將轉聞于
上
問國家以得人為急人臣以薦賢為忠故
岳牧推讓師旦吐握有以也春秋以來
亦有可槩稱者以晉大夫而舉士七十
餘家以魏相而舉三人君以為師又有
內不避親外不避讎者其為國計至矣
可指言與漢時有薦士行伍而旋定三

秦者功何烈也然善聽獄者可薦習法
律者可薦爲師弟子可薦果皆得人否
與唐時有薦進五人而取日虞淵者意
何忠也然有薦學問博洽者一人有薦
舉至三十人有薦疏餘四十人果無濫
進否與宋時所薦或同巷不求見或無
書抵政府足稱公矣乃有官居執政不
敢私薦身爲諫官不敢妄薦亦各有見
否與今

國家網羅豪儁遍求巖藪誠以得人爲急矣
無蔽賢無濫及臣子効忠之一道也必
如何而後可

問國家致治之大端在造士任官士習吏
治之醇疵王道之汚隆係焉三代尚矣
奇士良吏西漢爲盛儒林傳載經生博
士雲蒸霧集其經術文章孰優乃文士
不入儒林傳經術文章抑二致與循吏
傳所載良規懿政風惠日舒其德化才

智孰勝乃其意進長厚而退嚴明德化
才智抑不相爲用與有經術文章兼優
而不列於儒林長厚嚴明兼長而不列
於循吏何也可指其人而言之與今欲
俾爲士者經術醇明可措爲實政不假
爲羔雉以媒進文章爾雅一本於實學
不旁拾苴梗以眩俗爲吏者德化有及
民之實不徒悶悶以養望才智有集事
之敏不徒皎皎以市譽轉移挽旋之本

何在諸生以士自待行且有吏責者其
各言爾志毋諱

問周官司民掌稽萬民之數自生齒以上
書獻于王王拜受之蓋若此其重也漢
人言治平在事役均民數周則民數固
當周知者何太原料民乃諫者以為不
可與唐之中葉隱戶羨田遣官括實至
得客戶八十餘萬豈皆真者或乃稱其
有振業小民之功果定論與均之田賦

也禹貢田下而賦上田上而賦下何無
偏重之累均之民役也周官國中長七
尺者役至六十野六尺者役至六十有
五何無不均之議丁口筭賦所自出也
多增戶口膠東何能供其賦戶數多則
衆强也損省戶數晉陽何卒收其功漢
時墾田少而戶口甚盛隋唐以後田日
加而戶乃損於舊何與古者民數詳而
民不病自漢以下民數略而乃有役重

之嘆何與今滇南甫田數少而賦役繁
重土著民寡而客户滋多故不無偏累
也茲欲上無料括之煩而版籍皆正下
無隱蔽之奸而賦役式均果何施而可
諸士究心民隱其詳爲我告焉
問農桑勸課王政之本也周以農開國延
祚最遠厥有自矣然農桑並急何周官
論農甚具而桑缺焉乃國風載記往往
見之史遷傳貨殖謂千樹桑與千户侯

等利益之所需可知也後世若崇陽免榷茶之擾襄城垂著作之澤善政良規溉覆遠矣今之蚕桑徧海內而吳越間最蕃滇去吳越阻山萬里不桑不蚕即尺帛亦需遠市乃何憚而不樹植與將謂風土不宜未聞有植而不蕃者將謂民用不急於此則卒歲之計所必資者豈黔黎自安於偷窳而不勤與抑長吏勸率有未至與方

今樹藝有令亟宜興舉所轄長吏申諭人七
月之風起崇陽襄城之利是必有道也
諸士生長於斯幸根極言之以為民生
之助

中式舉人四十五名

第一名朱道南 臨安府學生 詩

第二名陳顯良 元江府學生 易

第三名楊峨 浪穹縣學生 書

第四名李聞馨 昆陽州學生 春秋

第五名楊應科 劍川州學生 禮記

第六名孫健 鶴慶府人監生 易

第七名蔣邦傑 雲南府學生 詩

第八名馮于逵　蒙化府學生　易
第九名陳國章　鄧川州學生　詩
第十名張宗載　鶴慶府學生　書
第十一名姚九功　臨安府學生　詩
第十二名何惠　石屏州學增廣生　易
第十三名任梓　臨安府學生　詩
第十四名毛如錦　鄧川州學生　春秋
第十五名祝年豐　蒙化府學生　易
第十六名高承謙　臨安府學生　書

第十七名陶希皐　姚安府學生　詩
第十八名楊成性　浪穹縣學增廣生　禮記
第十九名李陶成　臨安府學生　詩
第二十名楊象乾　大理府人監生　易
第二十一名謝　容　雲南府學生　詩
第二十二名張　懋　通海縣學增廣生　易
第二十三名鄒　瑞　臨安府學生　詩
第二十四名嚴敦仁　昆明縣學生　書
第二十五名金　印　趙州學生　詩

第二十六名段正學　呈貢縣學生　易

第二十七名木叢奇　保山縣學生　書

第二十八名姜學思　雲南府學生　詩

第二十九名李　崧　大理府學附學生　書

第三十名楊明禮　太和縣學生　易

第三十一名楊際明　大理府學附學生　詩

第三十二名葉祖堯　臨安府學增廣生　易

第三十三名劉順徵　雲南府學生　春秋

第三十四名孫　紀　永昌府學增廣生　詩

第三十五名沈　森　嵩明州學生　易

第三十六名李嘉言　大理府學附學生　書

第三十七名趙　循　大理府學生　詩

第三十八名傅崇德　昆明縣學生　易

第三十九名王　璘　寧州學生　禮記

第四十名吳良璽　蒙化府學增廣生　書

第四十一名塗時相　石屏州學增廣生　易

第四十二名張秉義　大理府學生　書

第四十三名高　岑　臨安府學生　詩

第四十四名楊可賢　太和縣學生　易

第四十五名桑　梓　趙州學生　書

第壹場

四書

子曰三年學不至於穀不易得也

朱道南

同考試官學正陳 批 冲淡雅飭一洗塵俗是純心於學而有得者宜錄以式

考試官學正勞 批 典雅可式

考試官教授陳 批 詞意精到

聖人稱正學之難示人知所立心也蓋聖學無

所爲而爲也以此立心則其學正矣寧可多見于天下哉夫子以正學望人也蓋謂學始諸立心而幾決於辨志吾嘗以是望天下矣今天下之人其始非不知學也但以其學之公濟其心之私囿人情之久而易趨者誠於三年之間學專于爲己而已私之欲曾無所動于中功切于成身而身外之物復無所冀於後道所當明從而明之皇皇然恒慮乎明之未至雖久而不敢斁者其志則然也由是而可得祿焉亦忘之而

已矣德所當脩從而脩之汲汲然恒恐乎脩之
未盡雖久而不敢廢者其志固然也如是而不
得祿焉亦安之而已矣斯人也明乎取舍之分
見爲天下之至眞密乎存養之功守爲天下之
至正以今之世雖未必盡無其人然謀利之習
滋多而能自脫於習者或不常有也安得斯人
與之存千古之聖學哉以今之學雖未必皆無
其志然苟得之私恒勝而能自克其私者蓋不
多見也安得斯人與之正天下之士習哉是則

人固以務學爲急而學尤以正心爲要心正則學正而斯道尚亦有賴矣夫子固深望之與抑此義利之辨也世之所趨日入於弊學則舜跖竝行而無定志治則王霸雜施而無定術皆由義利之不明耳義利之辨誠析則志可定術可正聖學王道其純矣乎雖然求利於利者其弊猶可言也求利於義者其害不可言也是故辨之不可以不慎

唯天下至聖爲能聰明睿知足以有臨也

寛裕溫柔足以有容也發强剛毅足以有執也齊莊中正足以有敬也文理密察足以有別也溥博淵泉而時出之溥博如天淵泉如淵見而民莫不敬言而民莫不信行而民莫不說是以聲名洋溢乎中國施及蠻貊

陳顯良

同考試官教諭方　批　文有組織有體裁聖德感人之妙發揮詳盡錄之

考試官學正勞　批　文體簡嚴迥異諸作

考試官教授陳　批　體格渾融詞意典實

中庸極言聖德之盛而推其譽之遠也蓋德非盛不足以及遠也至聖爲能全之譽之及于遠也宜哉中庸言天道也若曰德有未備者不可以言盛化有未遠者不可以語神其唯天下之至聖矣乎蓋貞元毓其秀而太極會其全其具乎生知之質也則聰明睿知獨厚于天而居上臨下之體以立焉其全乎所性之德也則仁義

禮智體備于巳而容執敬別之用以裕焉即是
德而觀其蘊殆溥博而不可禦淵泉而不可窮
也及出之以時則隨所施而皆宜焉五者之德
其積于中而發于外矣乎以是德而擬其盛殆
如天之無不覆如淵之無不涵也及徵之于民
則敬信說而無間焉五者之德其積極盛而發
當可矣乎德唯如是是以不大乎聲而至聖之
聲自彰無意于名而至聖之名自著五服仰怙
冒之休洋洋乎頌聲交作也推而至于四夷之

表慕盛德者孰不曰中國有聖人乎德之施也
何如其遠耶四海圜涵濡之澤謳謳乎歌味無
斁也極而際于薄海之外頌聖人者莫不曰王
者大一統乎德之及也何如其廣耶至此所積
者益驗其盛所發者益信其時而盛德大業斯
其至矣此所以爲天道也大抵至聖之合德于
天惟其誠而已誠則不貳不貳則久德化所從
出也子思先言至誠之盡性至德之謂也推而
極于贊化育焉至化之謂也理豈有二乎哉故

曰至聖之德非至誠不能爲合而觀之可以知
聖學之要矣
居天下之廣居立天下之正位行天下之
大道
楊峨
同考試官教諭葉　批　通篇思精詞健講居立行三字尤有斟酌有養士也宜錄以爲浮靡者式
考試官學正勞　批　渾厚正大足占所養
考試官教授陳　批　典雅切實

君子全所性之德可以識其大矣夫仁義禮性之德也君子一身而體其全焉此所以大過人與孟子以是曉景春也若曰天下之至大者在德不在勢君子之所以全其大者惟求諸德而勢不與焉者也何則仁以合愛居莫廣焉曠之而弗居者多矣君子則大公以廓其基渾然合萬物爲一體無我以弘其宅恢然圍四海爲一家蓋眞見夫所性之仁包含遍覆居必于是而不遷凡外仁以居者褊隘焉耳豈其所屑居乎

禮以辨分位莫正焉悖之而弗立者衆矣君子
則端執物以成位于中凝然大觀之不忒陳藝
極以表正于上秩然大閑之莫踰蓋眞見夫所
性之禮大中至正立必于是而不易凡外禮而
立者悉邪焉耳豈其所苟立乎以至義者天下
古今所共由道莫大焉者也君子時惟無行行
必于是焉協義而動剛大之體由之爲素履之
貞遵道而行直方之用率之爲周行之示蓋眞
見夫義之爲道坦然無窒固有可經可權而不

可使越者矣外是義而曲徑焉者非吾所謂道也又豈肯妄行矣乎大丈夫之實蓋取諸此彼儀衍者藐乎其小也何足道哉大抵時至戰國道學不明人之溺於勢利而不知有義理者比比然也景春以儀衍爲大丈夫也奚惑焉孟子思易天下歸之於義理之中故因此而詳辨之所以正人心衛世敎自任之意有不可得而辭者苟聞此而悟焉沉痼之習庶幾少瘳乎槩之何卒溺而不返也

易

亨者嘉之會也

陳顯良

同考試官學正陳　批　講嘉會合禮諸作多浮泛此獨就性上發揮精切貫徹殆深於易學者尤宜首錄

考試官學正勞　批　簡深精當

考試官教授陳　批　說理明切措詞精健

文言論禮之德極其至以明乾之亨也夫禮具於性而衆美會焉德斯至矣非得於亨而然哉

文言以人道明乾道也謂夫乾象之純天之道也乾辭之亨道之通也而於人則爲禮焉是禮也其衆美之會乎蓋人之有生天命以性誠通之化稟之爲秩敘之原者自粲然其有條人之有性繼善以具發育之仁得之爲儀文之本者自炳然其不紊禮之全體淵微雖未易窺測然齊明湛一之中所以合萬有而顯設之者胥此以凝其精焉禮之大用潛藏雖難以形容然莊敬誠恪之內所以協衆動而品節之者胥此以

涵其秘焉天經之正地紀之宜若是至大也莫非此禮之彌綸人倫之彝物曲之利若是至博也孰非此禮之綱紀過而損微而益郁郁乎典則之明備循諸大氣之亨而萬物於焉潔齊者乎嚴而泰和而節優優乎小大之率由循諸亨通之候而品物於焉咸章者乎是知天人無二道性命無二理人能嘉其所會則足以合禮而全其天矣文言以是明乾道也無餘蘊哉嘗慨世之言禮者徇乎其外日流於繁文而自以爲

美也盍卽文言之旨而玩繹之乎夫禮之撤繁者易淆而其統會者獨至乃文言之旨欲約斯禮而歸於性之原耳彼老莊訾禮爲忠信之薄者抑亦慨乎徇外之弊而云然與

履信思乎順又以尚賢也

孫健

同考試官學正陳　批　講信順尚賢語甚精切且通

簡體明典則整正解經義之佳者

考試官學正勞　批　溫雅純正深於易者

考試官教授陳　批　詞約意明

大傳著上九悉備衆善以明天所由眷也蓋信順而尚賢則衆善備矣上九所以得天之眷者此與大傳釋之若曰人君之獲福也申錫固原於天而感格則本諸德吾於大有上九見之矣彼有大者易盈難乎其信也茲則不恃其有而身之所履者一於信焉以措諸政事無適而非有孚之發以見諸躬行隨在而皆旡妄之動是信者人道之貞也而能履之則有以布大信於

天下而下焉盡人之道矣處滿者易溢難乎其順也茲則不居其盛而心之所思者一於順焉恭默思道惟求和順于道德之中求言配命恒欲順適于帝則之內是順者天道之常也而能思之則有以昭大順於天下而上焉全天之道矣然非徒信順有於身而已也又以六五柔中本信順之賢爲可尚者於焉推誠以下交取彼之信以匡吾所履之未逮禮隆於晉接而無或簡也忘勢以相與取彼之順以啓吾所思之不

及心切於恍惚而無或怠也是天生賢哲本爲輔有之助茲能尚而用之益以見信順之實而合天人之心矣吁上九之保有如此其得天之祐也又何疑哉抑時至大有其盛極矣保有之道孰有要于任賢者乎然必有聖神文武之君而後有都俞吁咈之臣有咸有一德之主而後有穆穆迓衡之佐則尚賢之道非信順有諸已不能也傳曰賢才輔而天下治又曰用人惟已此帝王圖治之先君天下者所當知

書

惟德動天無遠弗屆

楊峨

同考試官教諭馮　批　作者類以無遠弗屆就民[illegible]殊非題意　此作理明辭透發揮動天處一氣渾成深爲得旨

考試官學正勞　批　沖雅可愛

考試官教授陳　批　析理明確

大臣論君德格天而無外見治當尚德也甚矣德之所感者神也天且弗違而況於格遠乎觀

其所感可以審所尚矣益之贊禹如此謂夫天
下之勢在內不在外懷遠之本尚德不尚威苗
之未格奚必盛威以臨之哉今以德之所感言
之天道遠而人道邇若未可以易格也惟夫元
良體備於一人而馨香之昭升有以潛通於於
穆之表皇極肇建於五位而精神之昭格有以
導迎乎純佑之休篤恭淵天載之神而恭已於
上天心之所不能違也造化之轉移一德有以
妙其運焉中和立成位之本而建中於民天道

之所不能外也天人之相與一德有以旋其樞焉際天所覆遠而無疆也德則神而無方也無方故通通故不禦而四海荷并包之量極天所冒大而無外也德則化而無迹也無迹故流流故不滯而四表洽光被之休川谷之異制持之以法有遺地焉德之廣運則行於法之所及而漸於法之所不可及矣萬邦之廣何往非合同之化哉風氣之異齊臨之以威有遺民焉德之洋溢則被於威之所加而孚於威之所不能加

矣五服之外何往非丕冒之神哉夫莫幽於天
心可以德感則知莫強於人心可以德懷矣何
畏乎有苗嘗謂益之此言賛帝舜無爲之治也
無爲之治情順萬事而無情耳宜威者以威治
宜德者以德治而已不與焉及干羽之舞巳相
忘於太和元氣之中不惟忘威且忘苗矣順事
無情也不然招攜以禮懷遠以德亦可上追王
佐之盛矣何不足以服楚乎此王霸之辨也
無偏無黨王道蕩蕩無黨無偏王道平平

張宗載

同考試官教諭馮　批　醇雅悠揚讀之宛然聽敷言而身游於蕩平之世

考試官學正勞　批　意足而詞鏗然

考試官教授陳　批　詞氣雄渾

敷言之訓天下防其私而示以純王之道焉蓋蕩蕩平平純王之道也以偏黨之私雜之可乎是故從違之辨不可不嚴也箕子告武王以風天下之敎蓋謂王道以無私爲體而從道以識

體爲先凡爾臣民其知皇極之體乎今夫王道
公則弘私則隘也偏非所以該全體黨非所以
擴大同而王道微矣爾其無偏焉無黨焉蕩蕩
而廣遠道之所當共由者也本倫物之全以爲
大經大法之陳置之而塞乎天地焉溥之而横
乎四海焉廣運而無方者當率履而不越者也
未始責人以本無惟去其累乎大者而天下之
大猷求諸吾身而自得矣斯其爲蕩蕩矣乎王
道公則易私則阻也黨非所以語通偏非所以

語常而王道息矣爾其無黨焉無偏焉平平而
坦易道之所當共履者也本彝則之常以爲易
知易從之理得之爲天下之達德焉循之爲天
下之達道焉易簡而理得者當庸行以爲常者
也未始強人以太難惟去其累乎易者而王道
之坦途求諸素履而即在矣斯其爲平平矣乎
吁此純王之政鼓舞之術也諷詠而有得焉皇
極其幾矣哉嘗聞王者奉三無私以勞天下則
大道行而天下爲公三才亦因以成位焉箕子

三代之英也數言風天下之大權也淪淪訛訛之詩作而數言之教微矣後世慨時而進朋黨之論者志三代之英之心也有轉移世道之任者其無忘數言之教乎

詩

如月之恒如日之升如南山之壽

朱道南

同考試官教諭佘　批　體格莊重詞氣沖融得詩人祝頌之意錄之

考試官學正勞　批　理明詞暢文采爛然

考試官教授陳　批　清瑩整飭可式多士

臣子於君福而擬其進盛悠久之象焉夫盛而且久福斯至矣擬以日月擬以南山臣子無窮之意乎想其歌此以答君蓋謂人君以一身奉神明之統亦以一身受神明之既其在於今固無不至矣然驟進者或至于易遏而復盛者每患于難終吾茲擬諸其象而神之福吾君者其殆有加而無已乎夫常明于夜者月也月之既

盈明斯極矣然而盈者虧之漸也吾君適寢昌之會而福之進進未已者則如月之恒焉生魄方新而繼照之輝將自此而聚之也何虞其易虧也乎常明于晝者日也日之方中明斯極矣然而中者昃之漸也吾君膺當陽之運而福之駸駸未艾皆則如日之升焉寅賓始啓而光天之烈將自此而耀之也何虞其易昃也乎峙之而爲山皆是也而南山則以壽稱焉以其爲山之宗也奠位于坤維而成形于艮止壽莫加于

此者而吾君之福如之高朗之吉引于有常貞固之休迓于有求如此而日新如此而月盛巍巍乎與南山相爲悠久者不若或使之也哉夫福如日月則高明可以配天也福如南山則博厚可以配地也神之福君于是爲至而餘光所被厚澤所培吾人寧不有賴矣乎抑于是而知周人之善祝也蓋人君撫五辰鎮四岳天地之氣與吾身常相貫通而感召之機有不可誣者得其道則三光順軌嶽瀆效靈諸福之物可致

之祥莫不畢至而王道成矣不然則戾氣應之
而福可倖致也哉此臣子視君意也論者其毋
以謏疑之

保茲天子生仲山甫

蔣邦傑

同考試官教諭佘　批　醇正雅健說出上天愛君生
賢之意子其善言詩者乎取之

考試官學正勞　批　詞氣暢達音韻鏗鏘

考試官教授陳　批　文采秀發精[illegible]

天爲君而生賢佐則知其異於人矣夫天之生賢不偶然也山甫之生出於天之佑命者豈特猶夫人而已哉此尹吉甫於城齊之役而推本以誦之蓋謂賢才之出固將有爲於世而其生也未始不原於天吾於天之眷周而知仲山甫之生有自已蓋我明明天子本監觀之有素寔天之所啓以爲中興之令主也所以維持而安全之者仁愛爲甚周由昭格之無違寔天之所建以爲昭代之盛王也所以扶助而保定之者

寵綏爲甚篤夫其保之也旣切則其念之也必
殷以爲君者主治者也臣者佐君而共理者也
君非臣曷代有終固惟得人之爲急臣非賢曷
資有相佐必良弼之是求於是仲山甫生焉鍾
天地之間氣而所禀者全應期而生於以符百
年名世之運萃山岳之精英而所屬者重乘時
而出於以開一代佐命之功出政布令惟天子
主之而左右弼直則於山甫是托也有是君必
有是臣而其降生之與非天心之所默眷者哉

安內攘外實天子專之而宣力效勞則于山甫是賴也有是才必有是用而其物則之良非天心之所獨厚者哉吁以生賢而歸本於君以眷君而推原於天吉甫此詩眞善言天人之際矣宜歌之以重其行與雖然生賢固由天意矣然世豈患乏賢哉特存乎君之勵精與其求賢何如耳宣王側身脩行復興周道當其時卽有山甫申伯方叔召虎諸臣出焉明良際合固自然之理也若取必於天而欲借才於異代不亦惑

乎故曰君身用人行政之本信矣

春秋

夏單伯會伐宋 莊公十有四年

李開馨

同考試官教諭方 批 單伯從齊從會守禮之義甚

作發揮明透足邃於經學者錄之

考試官學正勞 批 典則

考試官教授陳 批 雄健

春秋不貶大夫之會兵以從伯之有名也夫爲

以義合也桓伐宋而單伯會之爲有夕矣春秋所以平辭而無貶與宋背北杏之好桓合三國以伐之而單伯所爲會焉夫公子翬嘗會伐鄭矣而再序四國者以黨州吁也今此會伐宋而不復再舉三國之名何立文之異哉君子曰以從伯之有名也夫孰不會兵哉會之而黨邪怙惡焉亂之道也可乎今桓也恭行天討之法凡以爲翼戴計耳此而不會宗周之闕將誰與任其事乎集合義問之師凡以爲脩攘謀耳此而

不會宗盟之責將誰與分其憂乎是桓之伐也爲有名非若四國之假擾魯之會也爲協義非若羽父之比周可以東門之事而槩施之耶噫夾輔之勳魯之世德則然也兹會也桓以尊王僇力而魯以舊職將事其擇義而從之者與膺懲之典魯之遺烈則然也兹會也桓以攘夷首事而魯以先德同心豈恣行而附之者與故春秋乎辭紀事以見會不爲黨也義也觀於斯而聖人用兵之情見矣大抵王伯之勢相爲低昂

者也王道微則伯功勝北杏之會世道升降之
候也魯繫天下之望又人心向背之候也宋治
則侯度飭魯會則衆志附故春秋有取焉無非
以尊王維世也斯固不得已之心乎
夏公會齊侯宋公陳侯衛侯曹伯伐鄭圍
新城　秋楚人圍許諸侯遂救許　僖公
六年

毛如錦

同考試官教諭方　批　深得齊桓用兵緩急之意且

體格嚴整思緻貫徹宜錄以式

考試官學正勞　批　簡當

考試官教授陳　批　明整

伯兵得討罪恤患之義春秋深善之也夫緩於討罪急於恤患伯兵之協於義也春秋深善之宜哉昔鄭伯卽楚齊是以有新城之役以治鄭也繼因許之被圍遂移師以往救焉春秋所以深善齊桓者何蓋安內攘外伯義當勤而先後緩急之間幾尤當審今新邑之攻圍可下而小

邦之赴告已聞荀先鄭而後許毋乃不可乎桓也慮之審矣於鄭則糾合六國之衆而緩兵以攻之蓋鄭可圖也敵之可虞尤有大於鄭者故不盡力以逼鄭也其緩於討罪何如也於許則即解新城之圍而移師以援之蓋鄭可得也許之可恤尤有甚於鄭者故寧釋鄭以赴許也其急於恤患何如也夫其討罪也不暴不驕師有制矣而況節兵之內有利禦之謀乎夫其恤患也不厭不棄簡書畏矣而況分災之中得救急

之勇乎桓之用兵多矣未有若此之尤協於義
者故春秋於伐鄭圍新城之下而書曰遂救許
書救善也救而曰遂善之尤也其予之者何至
哉雖然桓自召陵得志功烈偉矣葵丘以後震
矜萌而怠荒作德衰於陳義棄於黃其視伐鄭
救許之日何如也君子謂桓有初鮮終猶治絲
而棼之惜哉然要而論之心之不誠故耳無怠
無荒帝王之業也此豈可與假仁義者道哉

禮記

觀天下之物無可以稱其德者如此則得
不以少爲貴乎

楊應科

同考試官教諭葉　批　心思精密詞旨明暢以少爲貴處發得天地之德難稱意出宜錄以式

考試官學正勞　批　精通典緻

考試官教授陳　批　簡明雅暢

知大報無取於備物則知大禮之必簡矣蓋惟誠可以動天地也故大報之禮必以少爲貴與

記禮器者謂夫禮不外乎器數之間敬實超乎儀文之外夫禮以少爲貴而致其內心之敬何哉彼天地之大德若宜備物以報之矣不知德入于密緻而品類不足以擬其隆理入于精微而庶物不足以昭其報天之所生即盡取以奉之恐禮或出於物外焉則節文徒繁何以仰酬乎大造耶地之所產即竭力以將之或禮不待物而存焉則儀文雖具何能少答乎洪功耶夫使假物而可以稱其德固不必以少爲貴也乃

今無物可稱其德矣安得不致其誠信以達其昭事之忱乎使報功果在于備物吾亦無樂乎簡也乃今非物可酬其功矣胡爲不致其忠敬以竭其明禋之報乎是何也蓋德盛者其志必厚而一敬自通乎神明報德之典如是始爲稱耳不然如內心之敬何哉內重者其外必輕而一誠可格乎冥漠酬功之禮如是而心始盡耳不然如內之爲尊何哉夫禮以少爲貴如此則郊社之禮不在物而在心也明矣此君子行禮

必愼其獨與雖然禮以物而將敬非待物而始
有也世之祀神者率闊略於身心之間而徒從
事于儀文之末則未祀之先而敬已漓矣夫何
神明之及交噫此忠信之人可以學禮而薄於
德者於禮爲虛與

樂者敦和率神而從天

楊成

同考試官教諭葉　批　發大樂合造化之妙精邃可
以式矣

考試官學正勞　批　理明詞健達樂之旨

考試官教授陳　批　才思清整可誦

記者論大樂之成功有以合造化之妙焉夫造化之妙未易擬也而大樂成功實與之合焉斯爲功用之盛乎記者論禮樂成功之所及此意謂天地先禮樂而肇其原禮樂後天地而闡其秘樂之初嘗求端于天矣而其成功何如彼流而不息合同而化此和氣之在兩間也而樂則欵之至和之流行于以昭宣其化育之機協

氣之薰蒸有以動盪其化工之運春以生之造化之生萬物一和也而樂則以和召和歡忻之交暢若或培之者焉夏以長之造化之長萬物一和也而樂則以和協和豫順之潛孚若或相之者焉其敦和如此夫是和也乃陽氣之伸而行於天者也樂既有以敦之則太和融液而率神氣以作用者實與資始者並其功一理流通而循神道以推行者直與大生者同其撰天以陽而生萬物矣此則循其陽氣之伸而從天以

生物焉所以遂其生而不傷者固天也而亦樂也樂不與天而同用哉天以陽而長萬物矣此則率其陽道之行而從天以長物焉所以若其性而無害者固天也而亦樂也樂不與天而無間哉是知神也天也皆和之所在也率之從之何莫而非敦之也茲大樂之妙所以與天地同其和與抑樂之合造化非擬議於形迹之粗也蓋必天地萬物之理融會于聖人之一心然後以其精神心術之藴流通于制作之間茲固一

天人贊化育之道也若不求之于心而區區於形迹之似則亦神化之糟粕而已又何大樂之足云

第貳場

論

人主務聰明之實

陳顯良

同考試官教諭馮　批　題本正大作者多掇拾陳言支蔓失本旨此作議論宏正詞氣古雅且縱橫闔闢悉中[illegible]

蘊之士也錄之

考試官學正勞　批　詞意懇切敷衍條暢

考試官教授陳　批　論正識高非淺學可到

人君所以照臨天下者不必用智于己也有要焉惟任人以圖治而已蓋天下至大也日有萬幾事有萬變人君以一身臨蒞于上所以總理而裁決之者至煩也苟徒用一己之智事事而察之物物而照之則是以其身爲天下役智愈眩而事愈棼欲求天下之治難矣明主知其然

不役智于物而惟急于任人不以一已之見自是而惟合衆見以求其是是以身運而不勞政行而不拂天下以智臨之宜歸于大君而君實無所用智焉此治之要也聰明之實也朱子曰人主務聰明之實不可務聰明之名名實之閒其治忽之所由分乎嘗稽之書矣書曰惟天聰明惟聖時憲又曰亶聰明作元后元后作民父毋何也蓋天以貞觀之理溥爲下濟之光隨事監臨昭著不爽此天之聰明也天生蒸民莫不

有欲無以制之則亂必得聰明克肖者以爲之主天之心也惟聖人得天聰明之盡而爲天之肖子故天以子民之責寄焉作之元后防其亂而制其欲俾協于中乃所以憲天也然則聰明者非人主當務之急乎顧有名與實之辨者蓋人主膺天命之寄爲民物之主雖聰明所稟由於天縱而其位則至尊也其幾務則至賾也其統馭則至廣也凡禮樂之脩墜刑政之得失財賦之盈縮人才之用舍民生之休戚外夷之向

背孰非所操縱而獨運者乎知之必欲其明處之必欲其當施之必欲其四達而不悖也是豈可以一人之聰明燭照而數計之乎於此而取必于一已察察以爲聽斤斤以爲明測度以爲知綜覈以爲政而甚者偏聽左右以爲耳目焉覩其偏而闇于全見其前而蔽于後方自以爲神而曰我有以治天下噫是反鑑而索照耳毋乃眩于名實而不察之過與所謂實者何也任人以圖治是也所謂任人者親信大臣是也蓋

天能生民不能自治故以聰明之用寄之于君
而其賦畀也厚君能有天下不能獨理故以聰
明之用寄之于大臣而其責任也專大君者天
之宗子而大臣者宗子之家相也故人主之于
大臣致慎于簡用之初而與之共天位焉與之
治天職焉隆以師傅之禮重以輔弼之任委以
腹心之寄其所以培養君德啓沃君心者端本
清源聰明之體巳立矣而凡有大政則就而圖
之有大疑則就而決之如何而制禮作樂也如

何而脩政明刑也如何何而理財足用也如何而
進賢簡不肖也如何而安內而攘外也君曰可
大臣則獻其否以替其可君曰否大臣則獻其
可以替其否乾綱雖可以獨斷而圖維以勑其
幾者惟恐踈也離照雖可以旁燭而反覆以求
其當者惟恐忽也天聰天明雖可以宰制運量
之而翼贊以展其猷者惟恐有弗盡也身處于
廟堂而慮周于海宇神凝于淸晏而念達于窮
廬事接于目前之近而計及于萬世之遠若此

者凡以廣吾聰廣吾明而求盡其實也猶未也
堂陛分隔心志易睽懼其壅此聰明也則撤之
宮闈燕處情慾易勝懼其汨此聰明也則克之
玩好雜進娛耳快目懼其蕩此聰明也則屏之
便佞取容投間伺隙懼其惑此聰明也則遠之
何也凡以純吾心而一于任大臣也夫惟任得
其人而與之圖天下之事吾知講畫既精則設
施必裕論辨既至則措置自宜知之而無不明
處之而無不當推之四達而無或悖斯不必出

其聰以察天下而聽德惟聰天下之理無遺聞
不必出其明以照天下而視遠惟明天下之理
無遺見帝王黈纊塞耳冕旒蔽目而至治光昭
於天下者蓋取諸此也此所謂聰明之實也太臣
以其聰明効之于君則爲亮天之王而家相之
責以蓋人主以其聰明達之於天則爲贊天之
化而宗子之任以副此所以爲時憲之道爲元
后作民父母也其與偏聽伺察炫奇飾智任一
已之耳目而侈然以聰明自居者名實不大相

遠乎古之言聰明神聖者至堯舜極矣而合宮之聽總章之訪四牧之咨九官之命所以兼聽而翕受者蓋勤且至焉三代以來或為昌言之拜或為一德之求或為四友之助或為十亂之佐推誠委任虛己延納曷嘗任一己之聰明哉漢唐宋諸君其勵精圖理治功稍有足稱者率由此道反是而作聰明任智術鮮有不為好名所累矣豈不為求鑒與甚哉名與實之不可不辨也亦任人與不任人之分而已抑論純心以

任賢大君之智也虛心以輔政大臣之忠也是故周公元聖也而吐握必勤孔明良佐也而忠益必廣率是道與書稱休休有容而曾子述之以明治平之要其意深矣故人主誠於任人而後可以成天下之大智人臣誠於虛己而益有以成天下之大忠

表

擬宋增置制舉六科羣臣謝表 景德二年

朱道南

同考試官教諭佘　批　典麗有體而精采蔚然宜錄

考試官學正勞　批　典雅駢麗四六之佳者

考試官教授陳　批　體正詞工可以為式

景德二年某月某日具官臣某等伏蒙

皇上增置制舉六科謹奉表稱

謝者伏以

帝典肇稱萬國際

文明之景運賢科弘啓羣材溢彙進之亨衢

頒丹詔以諭寰區
綸音雷動
臨彤墀以
賜清問縫掖雲從文苑流光士林生色臣等誠
懽誠忭稽首頓首上言竊惟天地之生才
不類恒區別而朋分帝王之立賢無方當
羅致而器使四門廣闢集八元八愷以亮
工六行咸賓聯三宅三俊以事帝漢舉賢
良方正猶譏其含驥而服駑唐試博學宏

辭或嗟其進竽而退瑟才堪集事何擇莞
庫之畀智可圖王不棄鼓刀之賤逸卿材
以資晉結綱已疎求國士以退秦儲才不
豫豈如
昭代肇闢弘規茲蓋伏遇
○○○○
聰明睿知
文武聖神
華渚毓祥吉應

慈幃之夢
青宮養正喜回
聖祖之顏值建隆庚申日光兆
帝圖之禎瑞迨乾德丁卯奎躔昭文運之英華
纂
祖
考之鴻基泰山磐石啓人文之嘉會風虎雲龍
苹壁水以講尚書遠軼圜橋故事開瓊林以宴
進士遥分

上苑春暉猶謂設科不足延攬英雄復增制
舉于以數求豪傑
青霄賢路旁招巖穴之隱淪
絳闕公車誕登膠庠之髦俊開天閑以選騎
神奇空大宛之蒲梢創雲構以徵材輪囷
傾鄧林之杞梓道德文學集衆美而同升
諸公才識吏能萃羣英而咸適於用錄帷
幄之才以折衝千里收熊羆之士以撻伐
四夷列選六科必求經文緯武之器備才

兩府行當出將入相之倫仰勤

側席之懷

躬賜臨軒之策經生學士紛慶幸以彈冠劒容

材官蔚連翩而入彀允矣

盛王之曠典信哉多士之奇逢麟藪鳳巢仁趾

瑞苞之竝貢珠淵玉圃夜光明月之咸登

臣等幸同縱壑之歡敢負積薪之愧敬効

王褒而獻頌雅賡召伯以陳詩伏願

秉離照以辨真才協泰亨以熙

洪祚中心篤好遠邁緇衣之風一德交孚旁
作迓衡之治師師濟濟內脩庶位而外壯
干城
穆穆皇皇德綏兆民而業增式廓臣等無任
瞻
天仰
聖忻躍感戴之至謹奉
表稱
謝以

第叄場

策

第一問

朱道南

同考試官教諭方　批

敘疇建極必敬五事哉

祖宗獨契隆古心傳

皇上弼建有極邇求益敬此作善揄揚之復廣五事之疇忠意懇到必會有極者

考試官學正勞　批

闡發建極錫民之意詳悉且

忠懇溢於言表足以獻矣

考試官教授陳　批　能明敬用五事之旨可與論

王道者取之

繹建極之疇者敷言以明其道錫保極之
福者正言而傳其心此先聖後聖繼天出
治作述大法曠世而同神者乎書言天隲
下民相協厥居乃錫禹洪範者大法之謂
也當唐虞盛際神龜載書而出於洛大禹
則之敘爲九疇其曰建用皇極者次五居

中斯有深意焉箕子衍繹九疇以告武王反復詳備至謂皇建有極歛福錫民則於民之有猷有爲有守者曰皇則念之於不協于極不罹于咎者曰皇則受之所以與庶民相保之意寛裕惻怛故當時之民會其有極歸其有極而無偏黨反側也武王致周之治綿延八百餘年寔得諸此由周而後撫運握圖唯漢唐宋號爲長祚若稽致治鮮能與於建極者矣且專名儒術者

若劉向之傳五行惑世滋甚而孔安國又
不深求皇極之意謬自為說其弊將使人
君不知嚴密以脩身立道而流於優游姑
息焉朱子辭而闢之有以也我
太祖高皇帝奮起淮甸光膺
帝命循神禹受錫於天者嘗書洪範揭於座隅
朝夕觀覽念所以敷言于民相協其居者
惟君所任騐傳註之謬復著為註而
諭劉三吾曰洪範一篇帝王為治之要道也

本於天道而驗於人事箕子為武王陳之
武王猶自謙以為未能朕每惕然遂疏其
旨大哉
聖謨所以發明皇極者廣大悉備陋諸儒疏註
於下風而所以斂時五福敷錫庶民者繼
武王而得其傳也
列聖相承祇若
成訓迨
世宗肅皇帝會通帝王脩身立道之要作

敬一之箴復讀宋儒視聽言動心箴紬繹
睿思悉爲之註
詔天下勒石庠校
嘉惠士民雖其言不爲洪範而發其意乃與
皇極相經緯又於
高皇帝之註有發明者斯惟
世宗存養敬一而謹於視聽言動心思全具建
極之本非特疏註文字之間而然也且洪
範所謂五事者有貌言視聽思之序有恭

從明聰睿之德有肅乂哲謀聖之用而本原於水火木金土之行天人參合胡可忽者是以皇建有極必備乎此然曰敬用者蓋一或不敬則一事不備而四事亦將相因以失其則也故敬者所以終始乎五事而篤敬之要又在於純純者一也不一則不純豈得謂之敬哉

世宗之箴曰敬曰一兼舉而言誠擴前聖之所未及矣其註心箴則言人與天地參者非

以形體唯在其心又嘆眞德秀之發揚此
旨以獻其君爲致意之深用功之至焉斯
言也誠見此心之不可放逸而泰然常存
也其註四箴則言人之居中而應萬事者
心也心之所接由視聽得之視聽不聰不
明則言動皆違天理然視又居其首焉斯
言也尤見乎視聽之不可以非禮故孔門
之訓以此爲先也一哉
聖心將使天下之民是訓是行以應極之敷言

初不求合於五事之序而意愈深切矣夫

自大禹以至於

今聖王代作乃建極之道唯箕子明之武王

行之微我

高祖疏註之正

世宗箴註之詳則洪範精蘊幾於淪晦愚故又

謂天騭下民啓

祖

宗之睿思溢在簡篇敷庶民之多福殆非偶然

也方今
聖明嗣統思建皇極欽若
祖
宗之訓敬于五事無少怠遑旣契乎其深矣若
究所以廣五事之疇者亦唯即九疇而竟
言之可乎是故農用八政所以裕民也協
用五紀所以順天也乂用三德所以重權
也明用稽疑所以通志也念用庶徵所以
考祥也嚮用五福威用六極所以同風也

率此而上對天心則五事之德益精益弘下馭臣民則五事之用益大益審且夫燕私幽獨易佚也暬御媟習易比也美麗玩好之陳易溺也諷誦迪棐之人易間也以易間之人而防所易比之衆則勢阻而誨不納以易溺之欲而處乎易佚之地則積久而化不知此五事之德所以相違而用亦相戾也其何以裕民順天重權通志考祥而同風俗哉嗚呼洪範之書約其要領

則敬乎五事而無不該極其規模則合乎
九疇而無不利古今制治之大法莫尚乎
此惟
聖明設誠於內而師其意則
祖
宗之烈於今益宣庶民之福於今益集矣何幸
身見之哉
第二問
李聞馨

同考試官教諭葉　批　稽古薦賢之學肯綮有許隱非

卓見博學者莫不能也佳士佳士

考試官學正勞　批　議論精審得薦舉至意

考試官教授陳　批　以公明定薦舉良是

人君必有得賢輔治之益而後其化弘人臣必有薦賢爲國之忠而後其職盡蓋天下之大有所以主治必有所以輔治也故佐理恒有資於賢賢才之出本所以待用然未必其盡用也故薦舉必有賴於人是

薦賢誠人臣之急務也使知而不能薦則
有蔽賢之罪薦而非其人則有濫及之嫌
蔽與濫其失等耳必也其明與公乎迪知
忱恂灼見其眞明也誠心推讓明揚其隱
公也明則極夫遴選之當而不比于匪人
公則協夫師錫之典而不及于私昵斯固
薦舉者之所當知乎請撥所聞以對嘗觀
書曰嘉言罔伏野無遺賢言賢才之隱伏
無盡而敷求之道不可以不廣也又曰舉

能其官惟爾之能言任使之克稱爲難而
選舉之方不可以不慎也其在虞廷以四
岳之佐而推賢讓德見于命官之日則布
列于有位者何師師師也風動之化此其獮
成之乎其在周室以周公之聖而吐哺握
髮見于下士之時則分理于庶職者何濟
濟也太和之治此其多助之乎茲蓋有體
國之純誠而汲汲奉公有好善之雅量而
休休容物固萬世薦賢者之準與自茲以

還休風日遼然間有可稱述者趙文子晉之賢大夫也所舉筦庫之士七十餘家何其多也魏成魏之良相也所舉卜子夏田子方段干木三人君皆師之何其當也祁午乃祁奚之子也而奚舉之雖親而不以爲嫌荆伯乃解狐之讎也而狐舉之雖怨而有所不避此炳炳見于春秋戰國者其爲國計至矣以漢言之薦韓信于行伍遂建旋定三秦之績非蕭相國乎其功何表

表也若袁盎之薦張釋之獄以稱平丙吉之薦于定國民以無冤至於申公師也趙綰弟子也弟子亦得以薦師其薦賢之路亦寬矣寬則疑失之私然不失爲聲望之士者豈非以權衡之審耶以唐言之躋五王於要路卒成虞淵取日之功非狄梁公乎其忠何懇懇也若張說薦張九齡一人則以博學裴垍薦皇甫湜等三十餘人則皆知名至於杜淹參預朝政所薦凡四十

人其薦賢之數益廣矣廣則疑失之濫然
未聞有冒進之譏者豈非以品藻之精耶
宋時所薦難以枚舉若包希仁同巷不求
見其迹似倨矣而呂文靖薦之以其孤介
之可尚劉元城無書抵政府其交似疎矣
而司馬君實薦之以其自重之可嘉此其
所取又高出世情之外矣乃若陳升之居
宰執不敢私薦一士彼豈故為忌賢者哉
蓋薦舉惟貴于秉公而或參以私適以開

倖進之門耳卓哉其有見也謝泌爲諫議不敢妄薦一人彼豈不能容物者哉蓋薦舉莫難于得實而或涉于妄適以爲知人之累耳宜乎其不苟也要而論之心果存於爲國則多薦可也少薦可也舍短而取長可也苟無是心則私固不若彼無薦之爲愈矣才果足以集事則親可舉也讎可舉也即疎且遜焉可也苟無是才則妄固不徒以能薦而塞責矣以此遡求前代之

所舉其得失之際不亦較著矣乎哉
國家垂統二百餘年道久化成人才輩出其
在下今有寸長者必錄有片善者必揚鄧
林杞梓誠有不可勝用之材矣執事猶懼
網羅之未盡巖藪之或遺欲無蔽無濫以
爲薦舉之一助甚盛心也愚生何知焉夫
今制以科目羅天下之士而或由貢選或由才
力可謂搜求之廣矣然豈無以道德自重
而恬于仕進以志節自許而困于阨塞者

乎謂賢者之皆必用未可也以考課數天下之治而臺諫有薦撫按有薦可謂推舉之密矣然豈無悃愊無華以拙而見黜巧文辯給以能而見珍者乎謂薦者之皆必賢未可也欲求之于高蹈則雲卧終南者開捷取之徑披裘烟渚者垂釣譽之鈎仕隱無足憑乎欲採之于盛名則以蒼生繫望者卒至書空以公輔自期者終于敗績聲實果相孚乎欲以人言而信其可用則

同流合汚安知其非比周也欲以一善而槩其終身則矜此失彼安知其無變易也誠欲得人則孰有外於明與公乎夫明猶水也水至清而或有以滓撓之則濁故必還其澄徹之體而後毫髮無隱焉公猶衡也衡至平而或有以低昂之則偏故必定其權度之中而後銖兩不差焉孔子曰視其所以觀其所由察其所安明之謂也誠本吾心之至明以運量之知之而必察察

之而必眞賢否之判灼然不爽天下其有適情乎孔子曰舉爾所知爾所不知人其舍諸公之謂也誠本吾心之至公以推讓之見而必能舉舉而必能先疑忌之私釋然不萌天下其有遺賢乎執此以求之道德必足以淑身而不爲口說之騰志節必足以勵世而不爲矯飾之過精吏治者必求循良之實不徒皎皎以近名甘隱淪者必負經濟之猷不徒昂昂以養望不以一

人之毀譽為從違必協輿論之當不以一
已之愛憎為取舍必考素履之詳如此而
薦舉不得其人者未之有也雖然此特為
薦賢者言耳
今天子操化柄于上賢公卿秉衡鑑于下所以
鼓舞人才登崇俊乂者如化工之於萬彙
甄陶培植固自有妙用存焉凡在有位孰
不精白以承休而共惟帝臣者孰不淬勵
以思奮哉此又不在薦舉之間也愚何幸

躬逢其盛

第三問

陳顯良

同考試官學正陳　批　上習吏治交脩互發此作考古證今而歸諸實學實政盖明體適用之士也錄之

考試官學正勞　批　論造士任官具見其實

考試官教授陳　批　詳確

君子之明體也以正學而其適用也以全才學不正則或華而不實或實而不華無

以明道術而豫經世之基才不全則或弛而不張或張而不弛無以廣事功而達養盛之用膏沃而後光曄實所以滋華也然華之不茂亦其實未充耳弓調而後求良弛所以豫張也然張之不勁亦其弛未宜耳兼華實以並茂斯其為正學乎時弛張以妙用斯其為全才乎嘗稽三代以上學出於一求其孰為道術且不可知矣經術文章之殊途求其孰為事功且不可名矣

才智德化之異致世道不古俗學行而偏才用明經者薄翰士之過浮擿文者鄙經生之過鑿專門拘方若蘧篨之不能俯戚施之不能仰而互以相訾剛克者議惇大爲過靡柔克者指明作爲過激朋分角立若梓人之不能陶冶氏之不能斲而莫之相通求其全體大用合一而時措內聖外王幷包而順施亦千百之什一耳故嘗以明經而不文卽窮幽探奧亦爲朴儒藝文

而不經卽絺章繪句亦爲詭論剛而不能
柔大剛則折非剛中也柔而不能剛太柔
則廢非柔中也是惟學俗而不醇才偏而
不全明體適用之道微矣有識者能不慨
世變之江河而思起三代之英乎三代以
還漢之西京得人獨稱盛焉稽之班史有
儒林傳以列經生自丁寬以下咸稱宿儒
或因門人謝歸而易道遂東或慕師傳絕
學而遣子授業或抱不傳之遺經而衍先

聖之淵源或授門人以尚書而動時主之
欣賞咸遡師友之脉以成一家之學者然
文采不大表見而長卿之詞賦上掩三閭
子雲之絶倫見稱桓譚文人之雄也傳不
列焉則知漢之士習先經術而後文藝敦
本實也乃傳中若孔安國傳先聖之家學
闡典謨之微旨經術明矣而尚書一序溫
厚爾雅與易繫相表裏回視子虛上林之
浮華若荆玉之與燕石然宋儒疑其不似

西漢文字此正儒者之文滌塵滓而飄然遐舉者則是經術未嘗無文膏沃而光燁者也有循吏傳以列治行自文翁以降咸稱良吏或治去太甚不因衰頹易椽或化崇愛利不以笞辱加人或坐僮子授經而文教興或愛小民如子而名稱著咸務任德之化以存惇大之體者然嚴毅不聞兼施而趙廣漢之摘發如神何竝之馳斬橫貴才吏之選也傳不與焉則知漢之吏治

進長厚而退操切存大體也乃傳中若龔遂以明經起家以儒術飾治德化洽矣而渤海出守威稜震疊不動聲色境盜奔潰回視廣漢何並之鷙擊若騶虞之與猰貐然漢史稱其忠厚剛毅有大節此正全才之治起孤標而卓然高峙者則是德化以運才智弓調而射遠者也雖然漢之醇儒吾得董仲舒焉窮春秋之旨而經術醇明應天人之對而文章爾雅史不列於儒林

則彼以儒林名者咸得爲正學非耶漢之
良吏吾得一汲長孺焉清靜無爲致東海
之大治風采凝峻折淮南之逆節史不列
於循吏則彼以循吏稱者果得爲全才非
耶我
國家以明經育材以經義校士通經學古者
如林含英咀華者成市英聲翔于遠邇巍
第映于後先固將上薄董生平揖安國翩
翩盛世之鉅儒也明經者本求涵泳義理

以融釋會次証據子史以達觀昭曠本深末茂而發之爲文章焉經之以周情孔思緯之以日光玉潔經術精華郎爲至文文章雅醇莫非經術所謂實豫而華茂者也士習所宜然也乃今習偷而趨愈下士業一經讀未終篇輒擬有司之試學事剽竊殊乏之師友之傳子史百氏聖經羽翼士不置於案賈不鬻於肆或叩焉則愕顧而不能舉其名或試焉則茫昧而不能知其處

至其操觚伸紙不能攄其胷中之所得而
惟掇口耳之腐談鏤氷爲巧州邑所優者
不能必之乎監司乞鄰爲有監司所錄者
不能必之乎省闈有司以明經登賢賢者
如是授之以政能無製錦之慮耶此士習
之弊所當亟爲轉移者也郡邑以科貢任
長吏以雜流任參貳尚德化者海涵春煦
任才智者飈舉風生薦書列其偉績輿頌
暢其賢聲固能拍肩渤海方駕淮陽卓然

大雅之不羣也司牧者本期以實心實
煦餔長養疾痛苦樂通爲一體教行化洽
而運之以才智焉苟有益於民社排羣議
而必行苟有當於機宜冒不韙而必發長
厚中和即爲嚴明嚴明適節莫非長厚所
謂弓調而射遠者也吏道所宜爾也乃令
才分而識不同長厚者破觚斵琢以容奸
爲大體決防撤藩以循默爲安靜守故事
以踵積襲敝苟歲月以積資待遷本無廌

鷸之志而藉口鸞鳳以掩其短下將何賴焉其以才智用事者炫明矜察操下急於束濕露才揚已賈譽捷於奔市持文法以殪奸卽元氣之潛損不顧急期會以赴事卽罷民之被窘不知國家爲民社任吏吏治若此能無蚕負之憂耶此吏才之偏所當曲爲調劑者也夫學術者君子所需以濟事功者也士習偏而不正學術敝矣安望其吏治之醇事功者君子所藉行其學

術者也吏才偏而不全事功畢矣何以驗其士習之正轉移士習者在選舉明經者必究其師友之淵源脉絡之融貫而析言破律者黜業文者必取其經義之精華心得之義理而補葺剿掠者斥士習庶幾其一變乎調劑吏才者在考課溫良仁厚不失之於無斷沉靜安舒不失之於後時斯為柔中而可陟否則黜焉聰明疏通不至流於太察勇猛剛強不至涉於太暴斯為

剛中而可庸否則斥焉吏治庶幾其一易乎雖然君子之學也將為聖賢立心一行不醇有愧於聖賢吾身有餘責焉奚待選舉而後勸君子之仕也將為生民立命一夫不獲有負於所學吾心有深懼焉奚俟考課而後懲選舉之勸懲所以待中才非所以待茂異也考課之黜陟所以待凡流非所以待豪傑也茂異豪傑愚生未之逮也而有志焉

第四問

楊應科

同考試官教諭佘　批　賦役於民最係政體此作洞究利弊悉慎區畫足以裨益生民矣取之

考試官學正勞　批　區畫詳明

考試官教授陳　批　折衷賦役可垂來式

人君代天以理萬民也因時宜而經制者所以聯屬天下之大義順人情而均節者所以培養天下之至仁蓋法者治之迹也

法久而弊生矣不有以經制之何以定民之守是故制而用之以宜時者所謂義以聯屬之也民者國之本也法弊而民困矣不有以均節之何以順民之情是故變而通之以利用者所謂仁以培養之也義行而法不窒仁用而恩不壅夫然後精爽通乎造化至治洽於寰宇含生之倫各安其居版章之民咸殖其類而天下之民數周矣豈必事料括以擾之哉嘗聞周官大司

徒掌人民之數而計于司會太宰貳之以制國用則民數固邦本所係也徐偉長言先王周知民數之多寡以分九職以均事役則民數固庶功所由興也昔者周宣王料民太原仲山甫力諫以爲不可以先王有協民數之官不料民而知其多寡也其說當矣若夫厚擾於民無裨於國山甫尚未及此乎唐宇文融請括田沙隨程氏亟稱其功謂能收隱戶羨田之利以振業小

民也其法善矣若其迫脅州縣妄張虛數
融惡得無罪乎視田制賦法之常也而禹
貢所紀九賦之等或田上而賦下或田下
而賦上蓋九州地有廣狹民有多寡田下
而賦上者其人功備也田上而賦下者其
人功少也則固不失其均賦之宜矣有身
有役古之制也而周禮所紀國中之征長
七尺者役至六十乃舍之野六尺者役至
六十有五乃舍之蓋國野地分內外役有

繁簡內地追胥之比殆無虛月故其制稍寬外地野役之起不及其羨故其征稍重則固不爽其均役之便矣漢以丁口筭賦也王成僞增戶口自占八萬筭賦誰爲之供蓋地節之間流民還歸者令勿筭事故得容其虛增之僞爾然以綜覈吏治之朝猶以飾僞受賞成其有負於孝宣乎國以戶多示强也尹鐸志存保障而損其戶數民心何以胥戴蓋戶數既損則民力不分

而生理自裕故能結晉民之心爾卒之晉
陽孤城之守而以効力成功鐸其無負於
簡子乎說者謂三代而上戸口盛于西北
三代而下戸口盛于東南是矣然民數之
多寡大率係於賦役之重輕蓋田畝之賦
重則人爭隱漏以逃賦欲蕃民生者其惟
在於薄賦乎李翺有言人知重賦之可以
得財而不知輕賦之得財愈多其可謂知
本矣丁口之徭重則人爭隱漏以避役欲

增戶口者其惟在於輕徭乎馬端臨有言庸調之征愈增則戶口之數愈減其可謂通論矣今以滇南之事言之滇遠在邊徼我

朝方入版圖道化淪濡二百餘年戶口宜乎日盛乃今客戶多而編戶之民寡力田少而賦役之科重此豈無其故哉蓋自夫奸詭滋生而冊籍多淆也或買輕而避重或移甲而就乙以編戶而冒僑寓以土著而

假浮客詭名子户影射飛洒愚民曹於會計之詳黠胥操其奇零之數舞文匿奸種種雜出則清乂寓之客而編之户其法不有可行者乎自夫逐末者多而遊惰者衆也棄稼穡於不脩荒土地爲汙萊若武定迷蒙之荒區師宗興衣之原野彌望千里耕耨弗及貲産既竭於登輸追呼轉逃于他郡一遇編籍槩稱流亡則驅遊手之民而歸之農其法不有可行者乎隱户清荒

田闢而賦役可均矣賦役輕而戸口日盛
矣然此有司之任也若究其蕃息之原則
有進於是者經費無節則民財日困故費
有約于今而浮于舊者有約于舊而浮于
今者杜其浮之自從其約之由使濫用以
節而元氣不泄於鍼芒曾鞏之言可法也
流亡不拯則生齒日耗必設禁令以防之
垂恩德以撫之施權衡以御之立制限以
一之使流寓以還而河堤不漏於蟻穴李

喬之言可循也蠲橫征之賦而使民有餘財所謂竭澤而漁後必無魚不至如李渤之所憂節非時之役而使民有餘力所謂如負千鈞不暇舉首不至如蘇軾之所嘆而又督責守令必崇撫字之實增戶口如王成者不徇其名圖保障之效損戶數如尹鐸者則諒其心此決其壅疏其源之道也如是則經制定而聯屬之有義均節行而培養之有仁民將有增貲以就賦減年

以從役者矣尚何版籍之難正哉卽滇南
而天下之戶口可知已今歲適當民數登
獻之期恭惟
皇上御極之初
詔下蠲積逋赦青災薄征阜民圖新政理通者
綸音戒諭中外臣工眞以
天地養育萬民爲念公卿百僚相與挈持綱維
振飭吏治以遂生民繁碩之休虞周之大
平可睹也非斯世斯民之幸哉

第五問

楊峨

同考試官教諭馮　批　農桑王政之本子念南中發民歸之力本而責成于長民者急當務也取之

考試官學正勞　批　反覆詳悉得勸率之意

考試官教授陳　批　厚生易俗之政具在此篇

天地有自然之利而王政有導利之權何也天地之大德曰生而所生者不殖不滋國家之聚人曰財而所聚者不導不流殖

之而滋非益之以其所本無也因民之所
利而利之耳導之而流非强之以其所不
樂也因民之所便而教之耳殖之蕃導之
流而衣食足至仁也衣食足而民人悅國
氣舒至治也愚生覩風土之便審樹藝之
方念此至熟也請因明問而悉數之古語
云人情一日不再食則饑終歲不製衣則
寒衣食者民生之所必資農桑者衣食之
所必需一人耕之十人聚而食之欲求無

饑誠難況不耕而食乎一人蠶之十人聚而衣之欲望無寒誠難況不蠶而衣乎譬之於水廣其源而徐達其流則其流長引其流而顧塞其源則其流竭農桑者衣食之源也衣食農桑之流也嘗稽傳言生財不言理財不言興利而言導利聖人見利盈於天地之間本生生而不息也因而生之使阜本源源而不窮也因而導之使流此王政輔相天地之宜以定經制之規左

右民物之命以弘阜成之治用此道也七
代盛王惟周享國最久要其開國后稷樹
藝以立有相之道子孫世守以享太平之
業至周公作周官以經綸康濟亦惟上洽
先公之懿矩三農生九穀之制分列甚具
言農而不及桑蓋農之於桑猶其於稼也
農則必桑桑非農不植也當其時在上則
公桑蚕室之必躬所以明有事也夫人親
蚕以獻繭所以明有敬也在下則懿筐必

執遠揚必伐所以明婦事也及其成則黼
黻文章以交神也我朱孔陽以奉上也勸
而適勞而不悴太和元氣盈溢宇宙間迄
今猶可想見開衣食之源而導其流有此
具也後世若張忠定之治崇陽拔茶樹桑
旣免榷茶之擾又獲蚕績之利民德之不
忘范忠宣任襄城檄民藝桑治蚕民懷之
而以著作名林二公庶幾乎王佐之才也
覩民之利桑則太史公稱其利益等千戶

傒詎不信哉今蚕桑之利徧海內而吳越之俗獨勤植桑必蕃培溉必腴浴種必時飼葉必謹結繭必瑩繅絲必潔富者被純綿之麗密而市其餘以致儲積之盈溢貧者免祁寒之咨嗟而貿其入以償公私之逋負北亘澤潞東連島夷航海輿金而爭市之惟力本勤故獲利厚惟獲利厚故力本愈勤此吳會之俗然也滇處西南徼外人情苦饑寒而利衣食與吳會同風土之

宜桑農家之宜蠶與吳會同農稍知耕而蠶桑則猥爲長物置之耕而不桑必糜其耕之所入以易衣耕以給食而衣復資之一業而二者需焉柰之何民不饑且寒也饑寒切身慈母不能有其子上安得有其民柰之何民不窮且盜也民窮且盜矣而競靡好華之俗又從而劇之游賈以土著之不桑也販帛於萬里因其從來之艱坐以要價所售必倍焉土著以積習之不桑

也市帛於賈肆因其所需之急聽其要市所酬必倍焉中土之一縑徼外之二縑也中土一金之直徼外二金之費也生之無源而糜之復甚驅富而之貧驅貧而之盜不桑使然哉故農桑王政之急務而滇尤甚也頃者農桑有

令下其事於所司則既督責而曉勸之矣乃植者不勤而愚且怠者若役之以所不便迄無成業夫人情雖甚愚未有不樂溫飽

惡凍餒者非病狂喪心未有裂衣拒食而
樂於貧且盜者亦轉移勸率之道有未至
耳今條其事有五一曰風導以移其習夫
言語不通或累數譯莊嶽置而齊語習文
翁以蜀之少文也資士入觀都會歸而轉
相覺諭蜀竟文采玆宜令州邑各遣一人
入吳粤習其俗蒔漑繅飼之方貿市盈溢
之利得於目擊必欣艷之歸以語人當有
莊嶽文翁之轉移也或疑其憚涉則官資

以直市帛貿絲歸而售之以故所資之數
輸官而自收其羨人未有不願往者此易
俗之一便也善風導也二曰利誘以作其
勤民之趨利如水之走下未覩其利而先
勤其事非所以責耕傭也漢人論貴粟在
以粟爲賞罰茲欲南人知力桑之利莫如
貴帛貴帛在令入貲之掾史以帛代貲而
以其所入當官吏稟祿之什三遠賈外販
禁毋入疆一帛一縑必市於土著市者衆

則獲利必豐獲利豐則務桑愈力此易俗之二便也設利誘也三曰檄樹藝以懲其怠周制植牆下以桑而宅不毛者有里布之罰晁錯曰貧生於不足不足生於不農不農生於不地著滇境曠土彌望即有樹植利其果實可市而桑則藐不知勸未見其利益而習俗久也風導利誘民既知利矣檄里胥轉諭務俾種植不毛不地者罰如令或疑土墝不蕃不曰沃土之民不材

堉土之民向義乎此易俗之三便也檄樹植也四曰懸厲禁以警其惰語云一夫不耕或受之饑一婦不織或受之寒是以敬姜貴而猶績婦無公事休其蚕織周道之所以不振也滇俗尚靡其浮窳者飾褻馬侈飲博日游都市不緣南畝婦無采蘩之風而有好游之習先民云一日不作百日不食懸厲禁以革靡俗男務耕桑婦勤蚕織此易俗之四便也禁游惰也五曰杜末

作以絕技巧王制錦繡珠玉成器不鬻於市漢詔云雕文刻鏤傷農事者也錦繡纂組害女紅者也人之才技華實不兩能農桑衣食實也雕鏤錦綺華也今滇俗雕犀刻象鏤飾刀劍爭妍競巧沿習爲常夫是數者寒不可衣饑不可食而務焉農桑衣食一日不得而饑寒至顧舍此而務彼炫華而忘實此所謂奸也愚以爲工商浮靡之末技一切禁絕驅而轉之南畝此易俗

之五便也杜末技也導之以本業則生之者衆足供其所需防之以厲禁則糜之者寡不傷其所生王政之大經也民情在順導不在强從習俗在潛移不在驟革此王政之微權也雖然周以農桑永祚非獨其制善也公卿大夫執親蚕之禮以標勤崇素絲之儉以防侈身教豫也利導之詳而又身教之端持此以轉移民風登之王道何有

雲南鄉試錄後序

萬曆癸酉爲
皇上御極之元年秋雲南鄉試士
迺御史監臨試事彌謹仰遵
新制拔四十五人得士益廣錄成
守謙宜序諸末簡颺言曰大
哉

聖恩之厚而士之入彀抑何盛也
夫滇雖處荒徼稱天地奇壤
其水土之所生神氣之所感
若鑛金井鹽紫貝蒼珉皆甲
於天下世之所爲奇寶也然
開之邇年俱產不逮昔議縮
課賦歲形

奏牘至於人文之盛則以
祖
宗之所培植雲蒸霧起登甲第者
視昔有加焉豈非人之與物
盛衰有時而西南山川靈氣
不復發爲異物而獨鍾爲人
文與

皇上明見萬里之外知其然也是
以
登極一
詔首罷採辦金寶之役而於秋闈
增額之請則慨然特
賜俞允有以仰窺
皇上所寶惟賢求人若渴之心其

卽堯舜抵壁投珠訪衢闢門
之軌也猗與休哉載考滇士
之應鄉試者實自洪武癸酉
始迨景泰癸酉得人獨盛而
雲南專科亦在嘉靖丁酉茲
奉
新命恭遇

皇上御元之初又當癸酉之歲則
信乎人才之興必協昌運而
聖神功化後先同符諸士之生當
其會誠爲奇遘非偶然之故
也今觀其所爲文類皆根極
理道本原六經之意以暢其
旨其聲律體製悉合於法度

始終辯達多有開闡明白正大無離拆浮靡之態信如其言則所謂潤色之猷黼黻之具在是矣金璧珉貝之實其有以易此乎雖然守謙於此竊有望焉宋臣曰盛行則發而見之事業窮居則推而托

之文章諸士言語工矣文章
麗矣會將載名仕版必見于
行施之事業亦如所言焉于
以經緯世務張皇治理無隨
時俯仰以自變窮居之志無
避榮辱利害以共明先王之
教庶其可也使徒藻績之飾

而實德之病甚者刑法之尚
而財利之析則雖歲增數人
無補於
朝廷之用是與燕石頑金者等
人將以瓦鑠棄之而
聖天子作人之意虛矣此實取士
者之所大恐也諸士勗之哉

湖廣衡州府桂陽州儒學學正勞寸華謹序

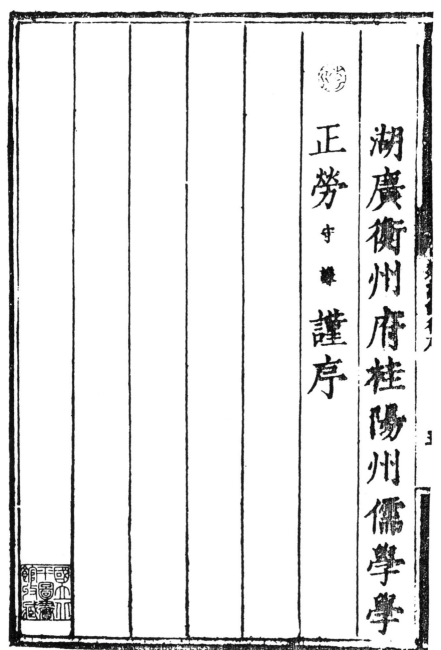